データエコノミー入門

激変するマネー、銀行、企業

野口悠紀雄
Yukio Noguchi

PHP新書

はじめに

マネーを制する者がデータを制し、データを制する者が世界を制する

本書は、「マネーはデータ」という基本的な視点に立って、マネーの未来像を描こうとする試みだ。

マネーのデータとしての側面を重視するのは、経済活動の基本がいま大きく変質しつつあると考えるからだ。工場や機械、店舗などの物的な資本ではなく、データが経済的価値を生み出す「データ資本主義」への移行が生じつつあるのだ。

とりわけ重要なのが、「ビッグデータ」と呼ばれるデータだ。これを巧みに活用すれば、巨額の収益を上げられることが分かった。アメリカや中国の巨大ＩＴ企業がビッグデータを基礎としたビジネスモデルを築きあげ、目覚ましい成長を遂げている。

一方、電子マネーの登場によって、これまでは利用することができなかったマネーのデー

タを利用できるようになった。マネーのデータは、様々な意味で、従来のビッグデータより強力だ。

マネーのデータを利用可能にする手段としては、電子マネー以外のものもある。その一つが、銀行ＡＰＩの公開（銀行のデータを外部の組織が利用できるようにすること）だ。オープンバンキング、チャレンジャーバンク、ネオバンク、BaaS、組み込み型金融など、銀行ＡＰＩを利用した様々の新しい仕組みやサービスが登場している。中央銀行デジタル通貨が導入されれば、さらに大きな変化が生じることとなるだろう。

マネーという最強のデータを巡る争奪戦は、すでに始まっている。その勝者が未来の世界を支配することとなるだろう。

情報通信技術の著しい発展にもかかわらず、これまで金融の世界はあまり大きく変化することがなかった。それがいま、根本から変わろうとしている。その影響は、金融の領域にとどまらず、経済の基本的な仕組みを大きく変えていくことになるだろう。

本書は、このような動きを紹介するとともに、それらがもたらすプラスの効果とマイナスの効果について論じている。また、DeFi（分散型金融）という新しい動きや、分散型ＩＤと呼ばれる新しい本人確認の方法なども紹介している。

日本はこれまで、ビッグデータの活用に立ち遅れた。日本経済衰退の根本的原因は、工場や店舗でなくデータが基本的資本となる「データ資本主義」に対応できなかったことだ。新しいビッグデータであるマネーのデータを活用することによって、日本再生の手がかりを摑《つか》むことが期待される。

以上で述べた変化は、金融関連の仕事に携わっている方には、直接的な意味を持つ。したがって、いま何が生じつつあるかを正確に把握し、それに対応する必要がある。

マネーが大きく変化することは、仕事だけではなく、日常生活にも大きな影響を与える。したがって、この問題は、金融関連の仕事に直接に携わっている人だけではなく、多くの人が知るべきものだ。

しかし、マネーはきわめてテクニカルな論点を含むので、なかなか理解しにくい。本書の執筆にあたっては、金融の仕事に直接関係していない方でも予備知識なしに読んでいただけることを心がけた。

本書の構成

本書の構成は以下のとおりだ。

第1章においては、「ビッグデータ」とはいかなるものか？　なぜそれが価値を持つのか？　などについての説明を行なう。ビッグデータは、個々のデータにはあまり価値はないが、それらが大量に集まることによって価値が生み出されるものだ。

ビッグデータの利用としては、「プロファイリング」による「ターゲティング広告」や、コンピュータの機械学習への利用などがある。

この章では、アメリカの巨大IT企業であるGoogleやFacebookが保有しているビッグデータの価値がどの程度のものかについて、推計を行なっている。

第2章においては、ビッグデータの利用と収集に関する様々な制約や規制について述べる。日本でも、「個人情報保護法」によってデータの利用が規制されている。さらに独禁法の適用や課税強化が必要との考えもある。また、「クッキー」と呼ばれる仕組みについても、見直しがなされている。

この章では、これらの動きを世界の潮流にも言及しながら解説する。

第3章では、マネーがビッグデータとしていかなる特徴を持っているかを説明する。まず、本書において「マネー」と呼んでいるものがどのような範囲のものであるかを説明する。ここで重要なのは、電子マネーと仮想通貨の仕組みの違いを理解することだ。またマネーデータの利用例として、信用スコアリングの目覚ましい成果についても説明する。

第4章においては、マネーのデータを個人がコントロールできるかどうかを論じる。電子マネーや仮想通貨において、この問題がどうなっているかを見る。

また、銀行口座へのログインの方法として、現在の仕組みに代えて「分散型ＩＤ」という仕組みが可能であることを述べる。これは、個人のプライバシーを守りつつ、本人確認を行なうための仕組みだ。

第5章では、銀行のデータを活用する仕組みである「オープンＡＰＩ」について説明する。これによって、銀行のデータを他の組織が利用することが可能となる。そして、銀行以外の組織と銀行の共同作業が可能になり、様々な新しいサービスも提供できるようになる。例えば、経理作業の自動化や信用スコアリングが可能になる。また、「オープンバンキング」「BaaS」「組み込み型金融」などの新しい仕組みについても説明する。

第6章においては、管理主体なしに金融サービスを提供する仕組みについて述べる。ビットコインなどの仮想通貨のもともとの仕組みは、そのようなものであった。最近急成長している「DeFi」（分散型金融）は、その仕組みを送金以外の金融サービスに拡張するものだ。これは、「スマートコントラクト」という仕組みによって、管理主体なしに事業を進める「DAO」（分散自律型組織）の一つの形態である。

第7章においては、日本の銀行のビジネスモデルがいかに変遷してきたかを述べる。そして、新しいビジネスモデルとしてどのようなものが必要かを論じる。

日本の銀行のビジネスモデルは、預貸金利鞘《ざや》に立脚する「ブランチバンキング」であった。高度成長期には、このビジネスモデルがうまく機能し、日本は銀行オンラインシステムで世界の最先端にいた。

ところがその後、預貸金利鞘が縮小し、新しいビジネスモデルを見出すことが必要になった。手数料収入によるビジネスモデルを目指すべきだとする考えもある。しかし、この方向は様々な問題も抱えていることを指摘する。最も重要なのは、マネーをデータとして活用することだ。

本書は、ダイヤモンド・オンライン、東洋経済オンライン、現代ビジネス、ビジネス＋ITにこれまで公表したものを基としている。これらの掲載にあたってお世話になった方々に御礼申し上げたい。

本書の刊行にあたっては、株式会社ＰＨＰ研究所第一制作部ＰＨＰ新書課の宮脇崇広氏にお世話になった。御礼申し上げたい。

２０２１年９月

野口悠紀雄

3. マネーのデータがすでに活用されている事例

事項	参照箇所
・信用スコアリング	第3章の3、第5章の3
・自動記帳	第5章の4
・オープンバンキング	第5章
・BaaS	第5章の5
・組み込み型金融	第5章の6

4. ビッグデータを活用することに伴う問題

事項	参照箇所
・個人情報の侵害、プライバシーの侵害	第2章の1
・リクルートナビ事件にみる個人情報問題	第2章の1
・プロファイリングされることの問題	第2章の2
・信用スコアの拡大利用	第4章の1
・国民管理の手段になる	第4章の1
・銀行の「土管化」	第7章の3

5. プライバシーを保護しつつマネーのデータを活用するには?

事項	参照箇所
・匿名通貨	第4章の2
・分散型 ID	第4章の4
・分散型金融（DeFi）	第6章の3

本書の論点の鳥瞰図

本書で扱っている問題は、互いに複雑に関連しあっている。ここには、様々な箇所で論じている事柄がどのように関連しあっているかを、論点ごとにまとめて示す。

1. なぜマネーのデータに注目するのか？(将来実現することも含めて)

事項	参照箇所
・ビッグデータとして用いることにより、きわめて大きな価値を実現できる	第１章の７
・マネーのデータは正確	第３章の２
・これまでのビッグデータには規制が強まる	第２章
・日本では、従来型のビッグデータが入手できない	第１章の１、第７章の５
・信用スコアリングに使える	第３章の３、第５章の３
・記帳自動化が可能になる。データドリブン経営が可能になる	第５章の４
・経営コンサルティングが可能になる	第７章の５
・DAO が可能になる	第６章の４、第７章の５

2. マネーのデータはいかなる手段で入手できるか?

事項	参照箇所
・電子マネー	第３章の２
・CBDC	第３章の４、５、６
・Diem	第３章の４
・銀行 API	第５章の１
・様々な手段の一覧	図表 3−4

データエコノミー入門◉目次

第2章 ビッグデータの利用には規制が強まる

第3章　マネーを制する者がデータを制する

第4章 マネーのデータを本人がコントロールできるか？

第5章 オープンバンキングで進むデータ利用

第6章　分散型金融と分散自律型組織は、金融の世界を一変させるか？

第7章 マネーのデータ活用で日本再生を図れ

図表目次

第1章

データを制する者が世界を制する

1　加速する「データ資本主義」

GoogleとFacebookで東証一部上場企業の時価総額の4割を超える

いま世界では、「データ資本主義」と呼ぶべき活動が急加速している。それを印象的に示すのが、次のような驚くべき数字だ。

Alphabet（Googleの持ち株会社）の2021年6月の時価総額は、約1・7兆ドルだ。1ドル＝111円で換算すると、約189兆円になる（以下では、AlphabetとGoogleを同一視する）。これは、東証一部上場企業の時価総額の合計約717兆円（2021年6月末）の26・4％になる。

もう一つの大手IT企業Facebookの時価総額は、約1兆ドル（約111兆円）である。Googleと合計すると、約2・7兆ドル（約300兆円）になる。これは、東証一部上場企業の時価総額の合計の約41・8％だ。

東証一部上場企業数は2190社だ（2021年6月末）。したがって1社あたりの時価総額で言えば、Google、Facebookは、東証一部上場企業の459倍ということになる。このように、Google、Facebookは、日本の企業とは比較にならない巨大企業だ。

GoogleやFacebookは、株価の上昇率も高い。過去10年間でGoogleの株価は、約8・6倍になった。他方で、日経平均株価は、約3・2倍だ。

仮に、GoogleやFacebookの株価が今後10年間に8・6倍、日経平均株価が3・2倍になるとし、発行済み株式数や為替レートが不変だとしよう。すると、10年後には、GoogleとFacebookの2社の時価総額だけで、東証一部上場企業の時価総額を上回ってしまう。

日本人にとっては信じたくないことだが、こうなる可能性は決して否定できない。むしろ、10年より前にこうした事態が生じる可能性が高い。

ビッグデータが価値を生む

GoogleやFacebookは、検索、メール、SNSなどのサービスを提供している。このため、「プラットフォーム企業」とも呼ばれることもある。

いずれも、20年前にはこれほど大きな企業ではなかった。急成長したのは、新しいビジネスモデルを開発したからだ。

SNSや検索などの利用によって、様々な個人情報がこれらのサービスを提供するプラットフォーム企業に集まる。こうしたデータを、「ビッグデータ」という。それが、新しい情報産業の目覚ましい成長の源泉になっている。

つまり、GoogleやFacebookの驚くべき価値を生み出しているのは、工場や機械あるいはサーバーといった物理的な資産ではなく、ビッグデータなのだ。

ビッグデータは、一つ一つを取ってみればあまり価値がないデータだ。

しかし、こうしたデータが膨大な量、蓄積されれば、正確な広告（ターゲティング広告）を行なうことができる。また、コンピュータを教育するためのデータとして用いることができる（これらの詳細は、本章の2、3で述べる）。こうして、無から有を生み出すようなことが可能になるのだ。

ビッグデータの利用価値は、今後さらに高まるだろう。例えば、自動車の自動運転、音声認識、図形認識などにおいて不可欠のものとなり、きわめて大きな価値を生み出すだろう。

GAFA＋Mの時価総額は、東証一部上場企業の時価総額を超える

ビッグデータは、誰でも入手して使えるものではない。少数の企業がビッグデータを独占し、権力と富を独占している。それだけでなく、技術開発も独占している。

プラットフォーム企業の活動は、日本企業が行なっているものとは異質のものだ。どこが異質なのか？　外見上から捉えると、工場もないし店舗もないことだ。

ところで、「工場も店舗もない。しかしきわめて高収益」という企業は、この2社だけではない。Amazon、Apple、Microsoftもそうだ。Amazonは小売業だが店舗がない（最近になって若干実店舗も展開し始めた）。Appleは製造業だが工場がない。

GoogleとFacebook、Amazon、Apple、Microsoftを合わせた企業群は、「GAFA＋M」と呼ばれている。この企業群が、いまアメリカ経済を牽引している。

GAFA＋Mの時価総額は、2021年4月2日時点で約7・5兆ドルだ。1ドル＝11 1円で換算すると、832兆円になる。東証一部上場企業の時価総額をかなり超えている。

8月末には、GAFAの時価総額が、日本株全体の時価総額を上回った。

中国の巨大IT企業も同じような状況だ。中国のIT産業を牽引しているのは、Baidu（百度）、Alibaba（阿里巴巴集団）、Tencent（騰訊）だ。これら3社は、頭文字をとって、「BAT」と呼ばれる。Baiduは検索とAI技術、AlibabaはEコマース、TencentはSNS（ソーシャル・ネットワーキング・サービス）のサービスを、それぞれ提供している。

データが価値を持つ資本主義

これらの企業のビジネスモデルは、データを資本として収益を生み出す、というものだ。

これまでの世界をコントロールしてきたのは、資金力、あるいは権力だった。いまそれが変わりつつある。今後重要なのは、資金力でも権力でもなく、データなのである。

これを、「データキャピタリズム」（データ資本主義）と呼ぶことができるだろう。データさえあれば、工場や販売店などの施設を持たなくとも、巨額の収益を上げることが可能になった。販売業では店舗がいらなくなったし、銀行などの金融業では支店がいらなくなった。

しかも、これらの企業が収集した情報やデータは、一度使えばなくなってしまうものでなく、何度でも繰り返し使うことができるものだ。だから、原材料ではなく、資産として捉えるべきものだ。つまり、新しい情報産業が用いているのは、フローの情報ではなく、ストックとしてのデータなのである。

喩《たと》えるなら、金《きん》が発見されたようなものだ。だから、いま起きていることは、「21世紀のゴールドラッシュ」なのだ。

データを収益化する新しいビジネスモデルが作り出された

ビッグデータがこれほど高い価値を持ちうることは、20年前までは、想像できなかった。Googleが登場した頃、その検索サービスが優秀であることは誰もが認めた。しかし、それを収益化する方法が分からなかった。利用料金を課せば、利用者が他の検索エンジンに移ってしまう。

Googleが検索エンジンから収益を得られるようになったのは、「検索連動型広告」という新しいタイプの広告を始め、しかも、それが効率的に機能するような様々な仕掛けを考案したからだ。検索履歴というデータが検索連動型広告を可能とし、Googleをこれほど収益の大きな企業にするとは、誰も予想できなかった。

ハーバード大学の学内での学生の交流を促進するために作られたFacebookについても、同じことがいえる。ＳＮＳサービスを通じて利用者の詳細な個人データが得られるので、それを広告に結びつけるアイディアがあれば、巨額の広告料収入を得られた。

これらの企業が急成長したのは、「データを収益化する」という新しいビジネスモデルを作り上げたからだ。

ビッグデータを活用できるかどうかが、将来の経済活動の成否を決める。いまアメリカと中国にしかこれができていないのは、世界の将来を考える際に深刻な問題だ。日本は技術立国と言われてきたが、日本が得意なのは古いタイプの技術である。経済は、明らかに大きな転換期を迎えている。

これは単に経済活動の一部で起こっている現象ではない。私たちの日常生活にも密接に関連する問題だ。それにもかかわらず、何が起きているかに関して、我々は必ずしも十分に理解していない。

変化はどのようなものか？　どこで、何が起きているのか？　それは、どのような問題をもたらすか？　それに対してどのような対処が必要か？　これから、こうした事柄を見ていくことにしよう。

2　プロファイリングとターゲティング広告

検索連動型広告はなぜ強力か？

Googleは、「検索連動型広告」と呼ばれるものを導入して大成功した。これは、検索キーワードから、検索者が何を求めているかを推定し、それに合った広告を検索結果画面の目につきやすい場所に表示するというものだ。

例えば、自動車関連のキーワードで検索している人は、自動車を購入することに関心を持っている可能性が高い。そこで、その人に対しては、自動車の広告をGoogleの検索結果ページに出すようにする。

検索連動型広告は、きわめて効率性が高い。なぜなら、その人が関心を持ちそうな広告を出しているからだ。

これに対して、従来のラジオ、テレビ、あるいは新聞や雑誌の広告は、世の中のすべての人に同一の広告を出す。その広告を見ている人の多くは、広告の内容には興味がないかもしれない。そうした人に対して広告を打つのは無駄なことだ。ところが、Googleの広告は、その人が関心を持っていることに関する広告を出す。

検索連動型広告によってGoogleは「史上空前の利益源を探し当てた」と評価されることがあるが、この評価は、決して誇張ではない。

プロファイリングとは何か？

その後、検索連動型広告は著しい発展を遂げ、さらに効率性の高い広告ができるようになった。こうした広告は「ターゲティング広告」と呼ばれる。

ここで用いられている手法は、「プロファイリング」と呼ばれるものだ。これは、様々なデータを用いて、特定の個人の「プロファイル」（人物像）を推定しようというものだ。推定する属性としては、性別、人種、年齢、所得、趣味・嗜好、思想・信条、家族状況などがある。

Googleは、検索やGmailなどのサービスによって得られるデータを用いることによって、プロファイリングを行なっている。なお、プロファイリングを行なっているのは、Googleだけではない。FacebookやTwitterなどのSNSサービスも同様のことを行なっている。

自動的に残される電子の足跡を利用すれば、個人の行動は詳細に分かる。両親や配偶者さえ把握していない重要な個人情報を、知らぬ間に把握されてしまうことがあるといわれる。

インターネットのビジネスモデルは、以上で述べた広告方式のものだけではない。Amazonは、「レコメンデーション」というサービスを提供している。「あなたはこれらの書籍にも関心があるのではないでしょうか?」と、いくつかの候補を提示するものだ。これは、Googleなどとは違う手法を用いているのだが、広い意味でのプロファイリングの一種と考えてもよいだろう。

広告だけでなく、政治的な利用も

ユーザーのプロファイリングができれば、選別された情報を提供することができる。

プロファイリングの利用は、広告だけではない。選挙に用いられることもある。2016年のアメリカ大統領選挙で、Facebookの個人データが不正な方法で取得され、用いられたのではないかと問題となった。データを取得し、分析したのは、ケンブリッジ・アナリティカ（CA）というデータ分析会社。トランプ陣営がここと契約していた。

なお、Facebookのデータを選挙戦に用いる手法は、２０１６年の大統領選で初めて登場したものではない。同じ手法は、２０１２年の大統領選挙で使われ、オバマ陣営がデータ分析を徹底的に活用した。

まず、前回選挙時のデータベースを元に、支持者名簿を作成した。さらに、足で集めた情報や支持団体の名簿などを、巨大なデータベースに登録していった。それに加えて、Facebookなどのデータや商品購入履歴などの情報を、情報会社などから購入した。

そして、有権者の政治的な傾向を割り出したのである。こうして、有権者一人一人の傾向を事前に把握し、オバマへの投票が期待できる人に、運動を集中させたのである。

３　ビッグデータでコンピュータを教育する

データを機械学習に使う

検索やＳＮＳを通じて得られるデータ（ビッグデータ）の利用法は、ターゲティング広告だけではない。コンピュータを教育するためのデータとして用いることができる。

これまでのコンピュータでは、データの処理方法を、一段階ずつ細かくプログラムして与えていた。ところが、そうした手続きの少なくとも一部分を、コンピュータがデータから学習することによって、自動的に行なうことができるようになった。

あらかじめ教えられたことだけでなく、与えられたデータによってコンピュータが自ら学習する。それによって賢くなる。これが「機械学習」だ。

現在注目を浴びている手法は、「ニューラルネットワーク」による「ディープラーニング」と呼ばれるものだ。ニューラルネットワークとは、人間の脳を真似た仕組みだ。

ビッグデータでパタン認識ができるようになった

機械学習の成果を最も印象深く示したのは、「パタン認識」だ。これは、図形や自然言語を認識する処理のことであり、これまでコンピュータが最も不得意な分野だった。ところが、ディープラーニングによって、図形認識が可能になってきた。

これについて有名なのが、「Googleの猫」と言われるものだ。Googleが、猫の写真を識別できるニューラルネットワークの構築に成功したのだ。この成果が公表されたのは2012年のことだ。

ここで用いられたのは、YouTubeに投稿されていた動画から無作為に取り出した1000万枚の写真だった。

パタン認識の技術は、実に広い利用範囲を持っている。まず、自動車の自動運転などで不可欠のものだ。ロボットに応用すれば、その活用範囲が大きく広がる。

無人店舗も可能になる。印刷された文字をコンピュータが直接読めれば、事務処理の体制が大きく変化する。音声認識機能の活用によって、コールセンターの自動化が進展しつつある。また自動翻訳の性能も進歩した。医療では、自動診療への応用が進められている。

4　コンビニエンスストアにおけるデータ活用

ポイントカードのデータは、個人を特定できる

日本では、コンビニエンスストアにおいて、データの活用が進んでいる。

これを始めたのは、ローソンだ。１億人以上が利用する「Ponta（ポンタ）カード」から得られるデータを、マーケティングに使っている。セブン-イレブンも同様の試みを行なっている。

これまでも、コンビニはＰＯＳシステム（商品につけられたバーコードをレジのスキャナーで読み取り、商品データを管理する仕組み）のデータで売上を把握していた。収集できるデータは、「どの商品が」「いつ」「どの店舗で」「何個」「いくらで」売れたかなどのデータだ。

これらのデータを集めて分析を行なうことによって、売れ筋の商品や客足が増える時間帯などを読み取ることができる。その結果を、在庫管理や納品管理、複数の店舗の販売比較な

どに用いていた。

しかし、このデータでは、商品を誰が買ったかまでは摑めない。それに対してポイントカードでは、登録の際に年齢や住所などを記入するため、個人を特定できる。家族構成、会社員なのか学生なのかといったデータも収集することができる。そして、ある人がいつ何を買ったのか、繰り返し買う商品は何か、などが分かる。

ポイント付与のもともとの目的は、顧客の囲い込みだった。しかし、いまでは、顧客の個人情報の収集のための手段としての意味合いが強くなっている。

コンビニエンスストアでは売り場面積に強い制約があるので、商品陳列の最適化は重要な課題だ。一つの店舗には約3000種の商品が置かれている。このうち何十種もの商品を毎週入れ替えて、状況の変化に対応しているという。

データの利用で売上が増加

集められたデータを利用した販売戦略として、次のような例がある。

- 人気商品であるコロッケの場合、リピーターが多かったのは、実は60歳以上だった。

そこで、シニア層の客を狙う店で、夕飯用のコロッケを大量に並べた
•若い女性は、昼食に食べたものを帰宅時にも買う確率が高いことが把握できた。そこで、新商品「焼きパスタ　ラザーニャ」を開発したところ、大ヒット商品になった
•団塊世代では、家で酒を飲む傾向が増加していることが分かった。さらに、酒と一緒にツマミも買うという行動も把握した。そうした行動に対応して、酒類の品揃えを強化し、また棚配置を変えて、ツマミを買いやすくした。これによって売上が大きく増加した
•ある人気商品について、１割のヘビーユーザーが６割の売上を占めていることが分かった
•ヤクルトの10本パックと５本パックは購入する顧客層が異なることが分かった。そのため、並べて販売すると両方の売上が増加した
•商品数が少ないと売れ行きが悪く、商品がたくさん置かれていると売れ行きが良いことが分かった。例えば、おにぎりを買おうと思う客は、最後の１個だったら買わない。２個でも買わない。３個あれば買う。したがって、10個売れると思ったら、12個仕入れなければならない。２個は、10個売るための経費だと考える必要がある

- ローソンでは、2015年から「セミオート発注」という仕組みを導入している。これは「Pontaカード」を利用して、店舗の発注を半自動化するものだ。全国から集まるデータを分析して、各店舗への発注量指示を行なう。この仕組みを導入した店舗では、売上が3%、利益が2%向上した
- 販売などのデータをリアルタイムで見られるようになったため、販売計画のサイクルを短縮化できた。従来は1か月単位で計画を立てていたが、それを週1回にした

5　利用料で儲けず、データで儲ける

データの活用で収益を得るビジネスモデル

ビッグデータの蓄積は、検索サービスやＳＮＳサービスなどを無料で提供し、それと引き換えに個人情報をサービスの提供者が取得するという形で行なわれている。

ここで重要なことは、GoogleやFacebookが、検索やＳＮＳなどのサービスを、収入を得る手段としてでなく、データを得るための手段と考えたことだ。有料化できるのにあえてしない。それよりデータを得るほうが重要なのだ。

これまでの発想であれば、ＳＮＳなどのサービスを提供する際に、利用料を徴収しただろう。しかし、Facebookは、Googleと同じようにそれを、データを無料で集めるための道具と考えたのだ。

インターネットで成功したビジネスモデルは、「サービスの提供から収益を得られるとし

ても、それを収益源とするのではなく、サービスから得られるデータの活用を収益源とする」というものなのである。

フリーのモデル

情報サービスを提供するコストを、直接の対価ではない手段で賄《まかな》うという手法は、「フリーのモデル」と言われる。

クリス・アンダーソンは、著書『フリー』（NHK出版、2009年）において、これがインターネット時代の基本的なビジネスモデルであるとした。

そのこと自体に間違いはない。ただし、フリーのモデルはインターネット時代に初めて作られたものではない。このビジネスモデルの根源は、インターネットの登場よりずっと早く、1922年頃に導入されていた。

無線通信の技術が開発され、それによってラジオ放送が可能になったのだが、料金を徴収する手段がなかった。そこで、WEAFというAT&T所有のラジオ局が、新しいビジネスモデルを確立した。それは、番組の間に広告を流し、広告料収入で放送費用を賄う方式だ。

この手法は、ラジオからテレビに、さらにインターネットへと受け継がれ、世界を大きく変えていくことになる。

広告という手法は、それまでもなかったわけではない。新聞・雑誌などでは、古くから使われていた。しかし、新聞や雑誌などが無料で提供されたわけではない。それは有料で提供されており、広告収入は、あくまでも購読料を補完するものだった。ＷＥＡＦのラジオ放送は、放送そのものは全く無料で提供するという意味で、画期的なものだった。

インターネットとテレビのビジネスモデルは、実は違う

GoogleやFacebookのビジネスモデルは、ラジオやテレビのそれをもっと効率よく行なっているものだと考えられるかもしれない。確かにそうした側面はある。

しかし、実は、本質的な違いがある。無線のラジオやテレビの場合、情報の受信者を料金の支払い者だけに限定することは、事実上不可能である。したがって情報を有料で売ることは、ほぼ不可能であり、そのために広告という手段に頼らざるをえない。

しかし、インターネットの場合は、受信者を限定することができる。つまり、料金を払った人だけが情報やサービスを得られるようにすることが可能だ。それにもかかわらず有料にしないで無料にしているという点が重要だ。

実は、検索連動型広告はGoogleが発明したものではない。Overtureという検索エンジン提供企業が発明した。しかし、Overtureは無料にしてデータを得ることはしなかった。検索エンジンは有料としたのだ。有料であれば、利用者数は限定的になってしまう。

主要なサービスの限界費用がゼロであれば（つまり、利用者が一人増えても余分のコストが必要ないのであれば）、そのサービスは無料で提供して、利用者をできるだけ増やす。そして、それによって広告の効果を大きくするほうがよい。

この観点から見ると、Overtureの検索連動型広告は、インターネットのビジネスモデルとしては不完全なものであったということができる。「有料化できるにもかかわらず、無料で提供した」ことが、いかに大きな意味を持っていたかが分かる。

有料化できるのは、検索に限らない。ウエブページも有料化できる。事実、有料化しているサイトは多数ある。新聞社などでは、料金を払っている人だけが記事を閲覧できる仕組みにしている。

これらは、従来からあった新聞・雑誌・書籍などの印刷物のビジネスモデルを引き継いでいる。そして、印刷物より低いコストで、情報を提供することができる。しかし、こうした方法は、インターネット時代に「生き延びる」ための方法ではあっても、Googleや

Facebookのように、社会のあり方を根本から変えてしまうようなことはなかった。

なお、GoogleもFacebookも、設立した当初から「フリーのビジネスモデル」を実行したわけではない。データを得ることを目的として検索やＳＮＳのサービスを始めたわけではないのだ。

Googleの検索エンジンは、創始者であるセルゲイ・ブリンとラリー・ペイジが大学院生の時、純粋に知的好奇心から作り上げたものだ。Facebookは、マーク・ザッカーバーグがハーバード大学の学生の時に、趣味として作り上げたシステムから発展したものだ。

GoogleやFacebookが保有する膨大なデータは、利用法が分かる前からすでに蓄積されていた。蓄積された後で、それらの利用方法が、開発されたのだ。そして、それらが大きな経済的価値を持つことが見出された。

これは、貴重な地下資源が突如として発見されたようなものだ。

6　ビッグデータはどのくらい大きいか？

「Googleの猫」に見るビッグデータの大きさ

「ビッグデータの場合、データがきわめて大量に集まることによって価値が生まれる」と本章の1で述べた。では、ビッグデータとは、どの程度の大きさのデータだろうか？　これを把握する一つの手がかりは、コンピュータの機械学習に用いられたデータ量を見ることだ。

猫を見たことがない人に猫がどういう動物かを教える場合、相手が人間なら、写真を数枚見せれば十分だろう。ところが、Googleが初めて画像認識で猫を識別するのに成功した時には、YouTubeに投稿されていた1000万枚の写真を使った。コンピュータに教えるには、それだけのデータが必要だったのである。

このことから、ビッグデータの世界と我々の普通の活動とは、1000万倍の違いがあると考えることができる。

「天文学的」なスケールで仕事をしている

右に見たのは、「猫の識別」という一つの例だが、Googleは、これ以外にも様々な仕事をしている。では、それら全体の仕事量は、我々の日常的な仕事と比べて、どの程度大きいだろうか？

我々がＰＣで作業しているとき、ハードディスクドライブ（ＨＤＤ）の容量は１ＴＢ（テラバイト）もあれば十分だろう。これは、10の12乗バイトだ。

ところが、Googleが全世界に保有するサーバーの容量は、10ＺＢ（ゼタバイト）程度だと言われている。１ＺＢは、10の21乗バイトだ。これは、１ＴＢの10億倍である。したがって、Googleがビッグデータ処理のために持っているサーバーの容量は、我々が使っているＨＤＤの１００億倍ということになる。

同じことは、次のように考えてもいえる。Gmailの利用者は、全世界で15億人から29億人程度だと言われている。Googleは、この他にも様々なサービスを提供しているから、それを扱うためのサーバーの容量は、我々が使っているＨＤＤの容量に比べて、15〜29億の数倍、つまり、１００億倍程度になっているだろう。

「100億倍」を感覚的に捉えるために、次のように想像してみよう。いま、人間の身長を1メートルとし、これを100億倍してみる。すると、1000万キロメートルになる。

他方で、地球と金星が最接近したときの距離は、およそ4000万キロメートルだ。だから、我々が日常的に1メートルの単位で仕事をしているのだとすれば、ビッグデータを扱う仕事は、地球と金星の距離の4分の1という天文学的なレベルの仕事をしていることになる。

以上で述べたようなことは、Googleのような企業だからできることだ。Googleは、検索エンジンやメール、マップなど様々なサービスを提供している。しかも全世界の数十億人のユーザーを相手にしている。それによって収集した大量のデータを持っているから、プロファイリングができるのだ。

このような天文学的なスケールの活動ができる企業は、ごくわずかしかない。本章の1で述べたGAFA+M（Google、Apple、Facebook、Amazon、Microsoft）とBAT（Baidu、Alibaba、Tencent）に限られると言ってもよいだろう。

ビッグデータを活用できるかどうかが、将来の経済活動を決める。アメリカと中国の企業にしかこれができないのは、世界の将来を考える際に深刻な問題だ。

7　ビッグデータはどのくらいの価値があるか？

総資産利益率の高さに注目

ビッグデータの価値は、どのくらいだろうか？　ビッグデータの価値についての統計があるわけではないので、それがどの程度の規模のものであるかを直接に知るのは困難だ。

ビッグデータの価値を推計する一つの方法は、ビッグデータを扱う企業（以下、「プラットフォーム企業」と呼ぶ）の帳簿に計上されている資産額と時価総額を比較し、その差をビッグデータの価値だとすることだ。

しかし、ビッグデータを扱っていない通常の企業であっても、将来の成長率が高いと評価されれば、株価が高くなる。したがって、時価総額が大きくなる。このように、時価総額は将来に対する成長期待を反映して、資産として計上されている額より大きくなるので、ビッグデータの価値を表しているとは限らない。

そこで、ここでは、Alphabet（Googleと同一視する）やFacebookのＲＯＡ（総資産利益率＝当期純利益÷総資産）＝Ｐ／Ａが、他の優良企業に比べて顕著に高いことに注目した分析を行なう。ここで、Ｐは利益、Ａは企業会計上で評価されている資産だ。

ビッグデータは、きわめて価値の高い資本だ。ところが、企業会計上、これらは価値があるものとしては扱われていない。

データを保存するためにサーバーなどの物理的施設が必要であり、それらは企業会計上資産とされている。しかし、そうしたものは、本来資産とみなされるべきものの一部でしかない。だから、プラットフォーム企業のＲＯＡは、非常に高い値になるのだ。

実際の値を見ると、次のとおりだ。まず、伝統的な企業であるＧＭ（ジェネラルモーターズ）のＲＯＡは、３・92％である（2021年6月期。以下同様）。

それに対して、AlphabetのＲＯＡは12・8％にものぼる。Facebookにいたっては、実に18・０％だ。

これは、新しい資産であるデータが、資産としてカウントされていないことの反映と考えられる。それはデータ資産の蓄積がマーケットでの売買以外の取引によって行なわれていることの結果だ。すなわち、「有料のサービスを提供し、その半面で個人情報を有料で買う」

ということを行なっているのではないからだ。

Googleのビッグデータの価値は約2兆ドル

ここでは、次のように考えることにする。ビッグデータの価値をBで表す（ここには、ビッグデータを用いる技術の価値も含まれている）。

プラットフォーム企業のROAが高い値となるのは、ビッグデータが利益を生んでいるにもかかわらず、その価値が企業会計で資産として評価されていないからだ。本来は、P／（A＋B）を見るべきだ。

つまりビッグデータという無形資産は、有形資産と同じように利益に貢献すると考える。また、プラットフォーム企業であっても、P／（A＋B）の値は、アメリカの通常の優良企業のROAと同程度だろうと考える。

GMのROAが3・92％であることを参照して、以下では、プラットフォーム企業のP／（A＋B）は、3・9％程度だと仮定する（この仮定については、再述する）。

いまB＝αAと置くと、P/(A+B)=P/[(1+α)A]=ROA/(1+α)となる（これを、式1とする）。

ROAが実際に3・9%である企業では、α＝0となる。プラットフォーム企業ではROAが3・9%より高いので、αは0より大きな値となる。

Alphabetの2021年6月期（2020年7月〜2021年6月）におけるROAは12・8%なので、式1から、α＝3・3となる。つまり、Googleが保有するビッグデータの価値は、同社が保有する通常の資産の3倍を超える。

Googleが保有するサーバーなどの固定資産は巨額のもののはずだが、ビッグデータの価値は、それよりずっと大きいのだ。

ところで、2021年6月期におけるAlphabetの利益Pは756億ドルだ（利益については、いくつかの概念があるが、EBITDA：Earnings Before Interest Taxes Depreciation and Amortizationを取る）。ROA=P/A=αP/B=3.9P/Bが12・8%なので、B＝1・95兆ドルとなる。

これはとてつもない額だ。1・95兆ドルを日本円に換算すれば215兆円になるが、これは、東証一部上場企業の時価総額の合計約717兆円（2021年6月末）の約30%にもなるのだ。

Alphabetの2021年6月の時価総額は、約1・7兆ドルだ。したがって、株式市場は、ビッグデータの価値を評価している。ただし、かなり過小評価だと考えられる。

Facebookのビッグデータの価値は1兆ドル

Facebookについては、どうか？　同社のROAは、18・0％なので、式1から、α＝3・6となる。また、P＝521億ドルだ。

したがって、B＝1・04兆ドルとなる。一方、Facebookの2021年6月の時価総額は、約1兆ドルである。この場合も、株式市場でビッグデータの価値は評価されているが、実物資産の価値もあることを考えれば、過少評価だ。

なお、「プラットフォーム企業のP／（A＋B）は、3・9％程度」という仮定は、妥当なものだと考えられるが、恣意《しい》的であることも否定できない。3・9％という数字を変えれば、結果の数字も変わる。ただし、定性的にいえば、多くの場合においても、これらの結論に変わりはないだろう。

デジタル課税の考えで、ビッグデータの価値を推計する

ビッグデータの価値を推計するのに、別の方法もある。

2021年の春に、G7はデジタル課税の大筋について合意に達したが、その中で、「売上の10%を超える利益を、ビッグデータなどの無形資産が生み出したものと見なす」という考えが示された（第2章の4参照）。

この算式を、GoogleやFacebookに当てはめてみると、どうだろうか？

Googleの2021年6月期の売上は2203億ドルで、利益は756億ドルだ。

したがって、「売上の10%を超える利益」は、536億ドル（＝756億ドル－2203億ドル×10%）だ。前に仮定したように、Bの収益率も3・9%なので、536億ドルを3・9%で逆算すると、約1・4兆ドルとなる。先に推計した1・95兆ドルよりは少ないが、ほぼ同程度だ。

ところで、すでに見たように、Alphabetの2021年6月の時価総額は、約1・7兆ドルだ。だから、このほとんどは、ビッグデータなどの無形資産の価値だと考えられるのである。

Facebookの場合はどうか？ Facebookの2021年6月期の売上は、1048億ドル。利益は521億ドルだ。

したがって、「売上の10%を超える利益は、416億ドル（＝521億ドル－1048億ドル×10％）だ。これを３・９％で逆算すると、約１・１兆ドルとなる。

以上で見たように、ビッグデータの収益率が物的資産の収益率と等しいという仮定（プラットフォーム企業の総資産利益率は、ビッグデータを考慮すれば、他の優良企業と同水準になるという仮定）で計算した結果と、デジタル課税の考えを援用した場合の計算結果は、ほぼ同じものとなるのである。

これは、偶然ではなく、ここで採用した方法論が正しいものであることを示すものだということができるだろう。

8　ビッグデータの利用に関して「クッキー」が果たしている役割

クッキーとは何か？

インターネットで「クッキー」と呼ばれるものが使われている。これは、ビッグデータとの関連で非常に重要な機能を果たしているので、以下に説明しよう。

クッキーとは、あるウエブサイトを閲覧した時に、そのサイトから送られてくる小さなテキストファイルの情報だ。１９９４年にネットスケープコミュニケーションズ社によってクッキーが提案・実装された。

閲覧したサイトが会員制である場合、クッキーには、閲覧した人（正確にいうと、閲覧に使ったブラウザを使ってログインした人）が会員であることが書かれてある。クッキーは、パソコン（ＰＣ）、あるいはスマートフォンのブラウザに保存される。

そのサイトにもう一度アクセスすると、ブラウザに保存されていた情報がサイトのサーバーに送られる。それによって、サイトは会員のブラウザからのアクセスだと認識できるので、パスワードを入力しなくても見られるのだ。

クッキーの役割は、以上にとどまらない。例えば、ショッピングサイトにクレジットカードの情報を登録しておくと、次からはいちいち入力する必要がない。あるいは、買い物の途中で商品をカートに入れたままログアウトし、しばらくしてからそのサイトに戻ってくると、カートの中の品物が残っている。こうしたことができるのは、クッキーによって情報が保存されているからだ。さらに重要なのが、以下に述べることだ。

クッキーなしではGoogleなし

Googleなどの検索エンジンでは、クッキーを利用して、ユーザーがどのページに何回アクセスしたかを把握している。

正確に言うと、個人としてのユーザーを把握しているわけではないが、ブラウザのＩＰアドレスを把握している。そのＰＣなりスマートフォンなりを利用しているのは一人とは限らないが、一人であることが多いだろう。そうであれば、そのブラウザを利用している人を把握しているわけだ。

この情報を用いれば、そのユーザーがどういう人かを推定できる。性別、年齢、所得、家族状況、趣味などの「プロファイル」を推定できるのだ。つまり、「プロファイリング」がなされている。ただ、ブラウザを把握しているだけで、個人名などは分からないから、これは個人情報ではないとされてきた（個人情報の定義は、第2章の1を参照）。

これを用いると、検索エンジンは、その人が興味を抱きそうな情報を返すことが可能になる。例えば、レストランを検索すれば、その地域のレストラン情報を表示する。また、自動車を検索した人には、次から、自動車の広告を出す。

クッキーがなければ、こうしたことはできなかった。その意味で、クッキーの役割はきわめて大きい。Googleの企業価値をいまのように大きくした基本的な仕組みの一つは、クッキーだったと考えることができるだろう。

サードパーティークッキーで個人を追跡

以上で述べたものは、「ファーストパーティークッキー」と呼ばれる。ところが、クッキーにはこれ以外のものがある。

例えば、ユーザーがあるサイトを訪れたとする。そのサイトには、バナー広告が表示されているとしよう。この広告は、サイトのサーバーからではなく、広告会社のサーバーから送られている。それを介して、クッキーが送られる。

このようにして、ユーザーは、広告会社からのクッキーを、知らないうちに、受け取ってしまうことになるのだ。これが「サードパーティークッキー」と呼ばれるものだ。

これを用いると、個人を追跡することができる。

例えば、私が自動車に関心を抱いて、あるサイトを開いたとする。そこには、A社の乗用車の広告が出ていて、それをクリックしたとしよう。その広告を扱っているのは、Bという広告配信会社だ。B社は私のブラウザにサードパーティークッキーを送る。

私が次に別のウエブサイトを開くとする。そこにも、広告配信会社Bのバナーが貼られていたとしよう。

すると、そこに、A社の乗用車の広告が表示されるのだ。こうなるのは、このサイトに、B社がサードパーティークッキーを送っているからだ。つまり、広告配信会社は、A社のサイトを訪れた私のブラウザを特定できているので、私を追いかけることができるのだ。

いったんウエブサイトにアクセスしたが離脱したユーザーを「見込み客」と見なして、離脱したサイトに再度呼び込もうとすることができる。サイトを初回訪問した時は、購入に結びつかないことが多い。しかし、興味を持っている可能性は高い。だから、もう一度広告を送れば、初回の閲覧時には気づかなかった情報に気がついて、購入してくれるかもしれない。このように、見込み客として絞り込んだ対象に広告を出せば、高い効果を期待できるのだ。これを「リターゲティング広告」という。

しかし、サードパーティークッキーには規制の動きが強まっている。これについては、第2章の2で述べる。

第2章

ビッグデータの利用には規制が強まる

1 データの利用は、個人情報保護法でどう制限されるか？

個人情報の収集や第三者提供には、本人の同意が必要

データの収集や利用は、何の制約もなしに行なえるものではない。様々な規制や制約が加えられている。したがって、データの利用に関しては、これらの規制や制約に十分注意を払う必要がある。また、規制や制約は、今後さらに強められる可能性もある。それがどうなるかは、ビッグデータの活用可能性に大きな影響を与えるだろう。

この章では、個人情報保護、プロファイリングされない権利、独禁法の制約、巨大IT企業への課税などの問題について考えることとしよう。

第一は、個人情報保護との関係だ。マネーのデータは個人情報と密接に関連しているため、それを扱う企業などは、個人情報の取り扱いに十分注意しなければならない。

日本では、2003年成立の「個人情報の保護に関する法律」（「個人情報保護法」）によっ

て、個人情報が保護されている。

「個人情報」とは、生存する個人に関する情報であって、その情報に含まれる氏名、生年月日などによって特定の個人を識別することができるものだ。あるいは、個人識別符号（マイナンバー、免許証番号、健康保険証番号など）が含まれるものだ。

他の情報と容易に照合することができ、それによって特定の個人を識別することができるものも含む。購入履歴や移動履歴も個人情報に含まれる。

体系的に整備された個人情報を事業に使っている者を、「個人情報取扱事業者」という。正確に言えば、「個人情報取扱事業者」とは、「個人情報を、データベース化して事業活動に利用している者」だ。「個人情報取扱事業者」ではない者が、他人の個人情報を第三者に提供する行為については、個人情報保護法の規制の対象外となる。

個人情報収集の際には、範囲や用途について、情報提供者の同意を得ることが義務づけられている。また、個人情報をデータベース化して第三者に提供することも、原則として本人の同意がなければできない。

例えば、あるコンビニエンスストアチェーンがポイントカードを発行し、氏名、性別、年齢、住所を登録させて顧客に配ったとする。そして、店舗での購買の際に、レジで購入品と

図表2−1　個人情報、匿名加工情報、仮名加工情報

1. 元データ（個人情報）

氏名	年齢	性別	住所	購入額（円）
森一郎	39	男	東京	550
夏目花子	44	女	千葉	1,500
谷崎次郎	50	男	東京	700
三島三郎	27	男	神奈川	2,000
夏目花子	44	女	千葉	400

2. 匿名加工情報

氏名	年齢	性別	住所	購入額（円）
	39	男	東京	550
	44	女	千葉	1,500
	50	男	東京	700
	27	男	神奈川	2,000
	44	女	千葉	400

3. 仮名加工情報

ID	x1	x2	x3	x4
104	39	A	a	550
351	44	B	d	1,500
611	50	A	a	700
230	27	A	b	2,000
351	44	B	d	400

金額を記録していくとする。そして、図表2-1の1のようなデータを集めたとする。

このデータは、誰についてのデータかが分かるので、個人情報だ。個人情報取扱事業者であるコンビニエンスストアは、どのようなデータを収集するのか、それを何のために使うかについて、事前に利用者の同意を得る必要がある。

データ利用促進のため、「匿名加工情報」を導入

２００３年の個人情報保護法成立後、ＡＩの普及によって、個人情報の価値が大きくなった。第1章で述べたプロファイリングや機械学習ができるようになったからだ。２００３年の制度のままでは、データ利用に障害が生じると懸念された。そこで対応が求められた。

２０１５年の改正法では、「匿名加工情報」という概念が導入された。これは、個人情報だが、「特定の個人を識別することができず、また個人情報を復元することができないように一定の匿名加工を施したもの」だ。

例えば、図表2-1の1のデータを匿名加工したものを、2として示す。このデータは、特定の個人に結びつけることができない。

このように加工されたデータは、一定の条件のもとで、本人の同意なく、データ分析を専

門とする事業者などの第三者に提供できる。したがって、ビッグデータとして活用することができる。これによってデータの利活用が進むことが期待された。

ビッグデータ利用を容易にするため「仮名加工情報」を導入

ただし、匿名加工情報では、プロファイリングなどを行なう場合に精度が落ちる。例えば、図表2-1の場合、2番目のデータと5番目のデータは同じ人のものだ。この情報は重要なものだが、2に示した匿名加工情報では、このことが分からない。

そこで、2020年の改正で、「仮名加工情報」の制度が創設された。これはビッグデータとしての利用をさらに容易にするためのものだ。

「仮名加工情報」とは、「データ内の氏名等特定の個人を識別できる情報を削除し、または他の情報に置き換えることによって、加工後のデータ単体からは特定の個人を識別できないように加工を施した情報」のことだ。

例えば、図表2-1の1のデータを仮名加工したものを、3として示す。仮名加工データでは、個人の情報が直接には分からないように加工されている。図表2-1の3の仮名加工データでは、例えば「住所」のデータは「x3」という記号になっているので、何を表しているのか分からない。

ただし、分析にあたっては、個人情報と同じような有用性があるため、匿名加工情報より詳細な分析を行なうことが可能だ。しかも、データを仮名化しているので、分析者は生の個人情報を見ることができない。また、万一データが漏洩しても、個人情報の漏洩にはならない。こうして、データの安全管理をはかることができる。

ただし、加工前のデータ（図表2-1の1）を持っていれば、「ＩＤ」の列によって、一行一行を加工前のデータと対応させることができる。このため、個人特定が可能だ。このように、仮名加工情報には、他の情報と照合することによって個人情報を復元することができる情報を含んでいる。このため、第三者提供が制限されている。しかし、委託先に提供することは許容されている。

匿名化処理では個人情報を守れないため、「個人関連情報」を導入

２０２０年の改正では、「個人関連情報」という概念が新設された。これは、「生存する個人に関する情報であって、個人情報、仮名加工情報及び匿名加工情報のいずれにも該当しないもの」だ。

個人関連情報については、提供先において「個人データとして取得することが想定されるとき」には、あらかじめ当該個人関連情報に係る本人の同意が得られていることを確認しなければ、第三者提供してはならないこととされた。

これが導入されたのは、匿名化処理では個人情報を十分に守れないことがあるからだ。次項で述べるクッキー等の端末識別情報がそれだ。

リクルートナビ事件で露呈した個人情報保護法の不備

当初の日本の個人情報保護法では、クッキーを個人情報としていなかった。この意味で「抜け穴法」だった。2019年に発覚した「リクルートナビ事件」が、この盲点を明らかにした。2020年の個人情報保護法改正で「個人関連情報」の概念が導入されたのは、これに対応したものだ。この問題は、かなり複雑だ。以下にその概要を説明しよう。

「リクルートナビ事件」とは、就職情報サイト「リクナビ」を運営するリクルートキャリアが、就活学生の内定辞退率を、本人の十分な同意なしに予測し、38社に有償で提供していた事件だ。

このサービスを提供する過程で、企業とリクルートキャリアの間で情報が交換される。2

019年2月までは、次のような方法で行なわれていた。企業はある学生のブラウザの識別番号（ID）を何らかの方法によって調査し、それを用いて、リクルートキャリアとの間で情報交換を行なっていた。ところが、2019年3月以降は、企業は学生の氏名を用いて情報交換を行なうようになった。

企業とリクルートキャリアの情報交換方式が変わった理由は、公表されていない。多分、企業が学生のブラウザ識別番号を得ることが面倒であったためだろう。他方で、リクルートが行なえば、学生のブラウザ識別番号を知ることは、簡単にできる。なぜなら、リクルートはリクルートナビを通じて、本人名で登録されたデータを持っているので、ブラウザの識別番号はクッキーを使って簡単に知ることができるからだ。

このために、「IDを伝える」から「氏名を伝える」への変更が行なわれたのだろう。しかし、それによって個人情報保護法との関係で問題が生じてしまった。本人の氏名が入ったデータは個人情報保護法で個人情報とされるものなので、その利用には本人の同意が必要だからだ。そして、同意を取っていなかった学生、あるいは不十分であった学生がいたために問題となり、約8000人分について本人の同意を得ていないとして、政府の個人情報保護委員会から是正勧告を受けたのだ。

しかし、それ以前も、実態的には同じことが行なわれていたのだ。前述のように、リクルートキャリアにしてみれば、本人名とブラウザ識別番号を関連付けるのは、簡単だからだ。つまり、それまでの個人情報保護法は「ザル法」だったのだ。

「秘密計算」とは何か?

秘密計算(Secure Computing)とは、暗号化したままの状態で計算・分析を実行する技術だ。生データと同じ精度の分析結果を出すことができる。

これまでは、通信したりサーバーに保存したりする際にはデータを暗号化するが、分析する場合はデータを「生」の状態に戻す必要があった。

このため、漏洩や不正利用のリスクを避けることができなかった。しかし、秘密計算技術を用いることで、このリスクも避けることができる。また、データを秘匿状態で活用でき、個人に関する情報を知らずとも統計的な分析結果を得ることが可能となるため、ユーザーのプライバシー保護にも役立つ。さらに企業間でデータを共有しやすくなる。

フィンテックにおいて必須であるユーザー認証やデバイス認証などの認証情報は、秘密計算によって守ることができる。

例えば、Suicaからは乗降やコンビニでの購買の履歴などが得られる。ＪＲ東日本は、Suicaのデータ分析に秘密計算を取り入れる検証を進めている。

秘密計算には、二つの代表的な技術方式がある。「秘密分散」では、データを断片に分割し、複数のサーバー間で通信を行ないながら、同じ計算を同時に行なう。仮に個別のサーバがサイバー攻撃を受けても、機密情報が盗まれるのを防げる。

もう一つの方式である「完全準同型暗号」は、鍵を用いてデータを変換し、外部からは解読できない暗号の形にして計算する。

完全準同型暗号ベースの秘密計算は、導入は容易であるものの、計算スピードが遅くなる傾向がある。これに対し、秘密分散型の秘密計算は、計算の構築難度が高いが、計算スピードが早い。

2 ビッグデータは誰のものか？

サードパーティークッキー規制の動き

第1章の8で見たように、インターネットには、個人のサイト閲覧行動を追跡できる仕組みが組み込まれている。サードパーティークッキーを用いると、あるサイトを離れて別のサイトに移動しても、追跡していくことができる。ユーザーとしてはプライバシーが侵害されると感じる。また、しつこいリターゲティング広告には不快感を覚える。

そこで、サードパーティークッキーを抑制すべきだとする意見が増えてきた。ブラウザの側で、サードパーティークッキーを排除する措置が取られるようになった。

2017年、Appleは、そのブラウザであるSafariに、トラッキング防止機能のITP（Intelligent Tracking Prevention）を導入した。2020年には、ITPが強化され、デフォルトでサードパーティクッキーを完全にブロックするブラウザとなった。

Googleも、提供するブラウザである「Chrome」において、サードパーティークッキーを停止することを決めた。Googleは、「プライバシー保護」という世論に押されてこうした措置を取らざるをえなくなったのだ。Googleの大きな方向転換といえる。

もしサードパーティークッキーが使用できないとなると、リターゲティング広告などができないこととなり、広告会社の収入は激減する。きわめて大きな変化だ。

プロファイリングされない権利を主張するGDPR

個人情報保護はプライバシーの保護だ。それだけでなく、「プロファイリングされない権利」が確立されるべきだとの主張がある。プロファイリングとは推定であるから、必ずしも個人情報の侵害になるわけではない。そうであっても、勝手になされてはならないとの考えだ。

欧州連合（EU）は、個人情報の扱いに関して厳格な政策をとっている。2018年にはGDPR（一般データ保護規則）が施行された。ここでは、個人情報は個人の所有物だとされている。そして、プロファイリングされない権利が認められるべきだとした。

さらに、同意の要件が厳しく定められている。データ主体が一般契約条件を黙認するだけでは明示の同意とはいえず、データ主体がプロファイリングに関する特定の処理に同意しているという積極的な意思を示すチェックボックスなどの仕組みを設ける必要がある、とされている（ここで「データ主体」とは、「特定された、または特定可能な自然人」のことだ。日本の個人情報保護法の「本人」に該当する）。

管理者は、データ主体に対し、プロファイリングを含む自動処理による決定の存在やデータ主体にもたらす結果などについての情報を通知しなければならない。

EUのGDPRでは、クッキーも保護されるべき個人データに含まれる。クッキーを利用した個人情報の利用には、ユーザーの同意が必要とされる。

なお、2020年1月には、アメリカ・カリフォルニア州で、居住する個人からの個人情報の収集と処理に関して定めたCCPA法が定められた。同年10月には、中国で「個人情報保護法」の草案が公表され、2021年8月に法案が可決、成立した。

「プロファイリングされない」権利の確保は容易でない

しかし、前記の措置の実効性確保は、容易ではあるまい。次の二点を指摘しよう。

第一に、同意しない場合にプロファイリングが行なわれていないことを、どのようにチェックできるだろうか？　プロファイリングが行なわれていることの検知も難しいのだから、ましてや、行なわれていないことを確認するのは、不可能に近いと考えられる。

第二に、もっと大きな問題は、「同意しなければサービスが利用できない」というのでは、支障が生じることだ。

検索、メール、カレンダーなどについて、プロファイリングされるのが嫌だからといってサービスを利用しないのは、いまや不可能に近い。こうしたサービスはすでに我々の日常生活の基本的なインフラになってしまっている。あるいは、仕事での不可欠な道具になっている。だから、同意条項を厳しくすればそれで済むという問題ではない。

基本サービスについてはプロファイリングを行なわず、それ以上のサービスについては、プロファイリングを受け入れるか有料かの選択にする、などの措置も考えられるが、実現は難しいだろう。

プロファイリングされること自体は不可避のものとし、その利用をうまくコントロールすることを考えるべきかもしれない。例えば、どのようなプロファイリングがなされているかを、個別に詳細に知らせてもらえる権利、あるいは不適切なプロファイリングがなされている場合にそれを修正する権利を認めるなどだ。

あるいは、プロファイリングとは、もともとは個人のものである情報を用いて利益を上げる行為だから、利益に対して課税することも考えられる。

この問題については本章の4で述べるが、従来の経済ルールを前提にしては対処できない問題だ。根本的な発想の転換が求められている。

３　独禁法による規制は適切か？

Googleが反トラスト法違反で提訴される

第三の制約は、独禁法の観点からのものだ。

２０２０年10月に、米司法省は、反トラスト法違反でGoogleを提訴した。Googleが検索市場での圧倒的な支配力を利用して、自社サービスを優遇する契約をスマートフォンメーカーなどと結び、競争を阻害したとの疑いだ。

２０２０年12月には、米連邦取引委員会（ＦＴＣ）が、新興企業の買収によって競争を妨げたとの判断で、Facebookを反トラスト法違反の疑いで提訴した（この訴状は、２０２１年6月にいったん棄却されたが、２０２１年8月に再提訴された）。

２０２１年6月には、ＦＴＣの委員長にAmazon批判で知られる新進気鋭の法学者リナ・カーン氏が就任したことや、ホワイトハウスの米国家経済会議（ＮＥＣ）で競争政策を担う大統領特別補佐官にＩＴ大手の解体論を唱える強硬派であるコロンビア大のティム・ウー教授を起用したことなどから、ＩＴ大手との攻防が激しさを増すだろうとの見方もある。

中国では、２０２１年4月10日に、Alibabaに対して、独占禁止法違反で１８２億元（約３１２０億円）という記録的な額の罰金を科した。取引先に対し、オンラインの出店先を同社に絞るよう圧力をかける独占的行為を行なっていたと認定されたためだ。中国当局は、この例を「教訓」にするよう、ＩＴ各社に指導している。

日本でも検討が行なわれている

日本でも、デジタル・プラットフォーマーについての検討が公正取引委員会などによって進められている。

２０１９年12月、公正取引委員会が独占禁止法の解釈基準を示し、プラットフォーマーによる個人情報の取得・利用に、独占禁止法が適用されることを公表した。

２０２１年2月、公正取引委員会は巨大ＩＴ企業が運営するウエブサイトや検索サービスに掲載されているネット広告について、ＩＴ企業側が一方的に掲載を打ち切ったり利用目的の説明があいまいなまま個人情報を利用したりする事例があり、独占禁止法上、問題となるおそれもあるとする報告書を公表した。２０２１年４月には、日本政府が、Googleなどネット広告大手に対して情報開示を義務づけることを柱にした報告書を公表した。

Appleは、２０２１年９月、日本の公正取引委員会の指摘を受けて、外部の課金サイトへの誘導を一部のアプリで認めると発表した。

独禁法では対処できない問題

独禁法は、「消費者に被害があった」ことを判断基準とする。その意味でいえば、消費者はプラットフォーム企業から不利益を被っているかどうかは、大いに疑問だ。これを独禁法や市場支配の問題と捉えても、問題は解決できないと思われる。

プラットフォーム企業に独禁法を適用しても、巨大ＩＴ企業問題の本質を解決することはできないと考えられる。これは、事業分割などで対処できる問題ではない。我々が直面しているのは、新しいタイプの問題だ。これに対しては、新しい方法で対処することが必要だ。

4　巨大ＩＴ企業への課税問題

ビッグデータに対応していない税制

ビッグデータの時代に社会制度が対応していないことを示すのが、国際課税の仕組みだ。第一次世界大戦後に、復興財源確保のために各国が税率を高めたため、国際的な二重課税問題が生じた。そこで、国際連盟を舞台にルール作りが進んだ。

ここで確立された国際課税の大原則は、「ＰＥなくして課税なし」というものだ。ＰＥ(permanent establishment)とは、事業所や工場などの恒久的施設を指す。各国の税務当局は、その国内にＰＥがあると認定した場合、そのＰＥが生み出している事業所得に対して課税する。このルールの原型は、１９２８年の国際連盟モデル条約案だ。

１９９８年に、ＯＥＣＤ電子商取引に関するオタワ閣僚会議が開催され、「ＰＥなくして課税なし」の原則は、電子商取引に対しても適用されることが確認された。その場合のＰＥ

としては、サーバーが該当することとされた。

時代に合わなくなった「恒久的施設」ルール

しかし、このルールは、経済のデジタル化が進んだ現代では、通用しなくなっている。電子商取引の進展によって、消費者の居住地国に物理的拠点がなくても、多額の利益を上げることが可能になったからだ。実際、GoogleやFacebookのように、インターネットを通じてＳＮＳや検索の情報を蓄積し、これを用いてプロファイリングを行なって広告に利用するという新しい収益モデルが生まれた。

こうして、「ＰＥなくして課税なし」という法人税の国際ルールの原則は、大幅な見直しが求められるようになった。デジタル課税は、過去１００年の間に構築されてきた国際課税の原則を見直そうとするものだ。この意味で、きわめて大きな変更だ。

なお、この問題は、ＩＴ企業に限ったものではない。例えば、自動車メーカーやアパレルブランドなどについても、税の支払先が本国なのか進出先国なのか、という問題を引き起こしうる。

交渉は難航していたが、バイデン政権で流れが変わる

２０１８年３月にＯＥＣＤが中間報告書を公表したが、各国の利害が対立して、交渉は難航した。

しびれをきらしたイギリスやフランス、インドなどは、オンライン広告や電子商取引の売上に独自に課税する措置を導入した。これに対して、アメリカのトランプ政権は、米系企業を「狙い撃ち」していると反発した。こうしたことから、国際的な共通ルールの設定は難しいのではないかと思われていた。

ところが、２０２１年１月にバイデン政権が誕生し、アメリカが国際交渉に本格的に復帰したことで流れが変わった。そして、ＧＡＦＡなどの巨大ＩＴ企業を主な対象とするデジタル課税について、国際的な合意が成立した。

２０２１年６月５日に閉幕した先進７カ国（Ｇ７）の財務相会合は、共同声明で、物理的な拠点がない国でもサービスの利用者がいれば企業に課税ができるとする「デジタル課税」の導入で合意した。

１３９カ国・地域に示されたＯＥＣＤの原案によると、対象は、年間売上高２００億ユー

ロ（約2兆6000億円）で、利益率10％以上のＩＴ企業。ＧＡＦＡなどの巨大ＩＴ企業を中心に、100社程度になると見られる。そのうち半数以上はアメリカ企業だろうとされている。

この原案は、7月にイタリアで開かれた20カ国・地域（Ｇ20）財務相・中央銀行総裁会議で合意された。なお、アメリカは、国際合意後には、欧州諸国などが独自に導入したデジタルサービス税をすみやかに凍結するよう求めている。

具体的な仕組みはこれから決める

基本方針で一致しても、具体的な制度の決定は、今後の課題だ。この交渉は、決して容易ではない。

デジタル課税の具体的な制度については、2020年9月に、ＯＥＣＤの制度設計報告書案がリークされた（Allison Christians "Pillar 1 & 2 Blueprints- Sept 16 version"）。

それによれば、ある市場国での収益が一定額を超えれば、その国に課税権が認められる。

そして、課税権を有する各市場国に対して、次のように課税権が分配される。

・A＝「無形資産に起因する残余利益」＝（利益額）－（売上高の10％）
・市場国の課税権＝A×20％

つまり、売上高の10％は通常の利益であると考え、残りの利益が無形資産に起因するものと考えるのだ。そして、このうちの２割を、市場国の課税権として分配する。

ただし、このルールだと、Amazonは、直近の利益率が売上高の10％にならないので、配分対象にはならない。こうしたケースをどう扱うかが問題だ。

巨大IT企業の複雑な節税スキーム

さらに大きな問題は、巨大IT企業の多くが複雑な節税策をしていることだ。それを放置すれば、利益額が少なくなってしまうので、市場国への分配は実現しない。

２０１０年代の半ば頃から、巨大IT企業の節税スキームが問題とされるようになった。GoogleやApple、Facebookは、ヨーロッパ本部などの重要拠点を、アイルランドに置いている。同国は法人税率が12・5％と低い。Amazonは、ルクセンブルクに関連会社を持っている。同国では、税制優遇が手厚い。そして、これらの国の間で複雑な取引を行なう。すると、課税が全くなされない場合もあるという。

企業が自国での課税を回避するために、税率の低い国に親会社を設立し、資産を移転することを、「タックス・インバージョン」(tax inversion) という。巨大ＩＴ企業が行なっているのは、通常のタックス・インバージョンよりずっと複雑で、節税額も巨額だ。

欧州委員会は、実質的な法人税負担率（平均実効税率）について、伝統的なビジネスモデルの多国籍企業が23・２％であるのに対して、デジタル系の多国籍企業が９・５％であるとし、不公平を問題視している。このように、国別の配分だけでなく、納税額そのものも問題とされているのだ。

こうした操作の効果を減じるため、６月のＧ７共同声明では、各国共通の法人税の最低税率を「少なくとも15％」とするとした。

しかし、最低税率については、新興国の強い反対がある。また、仮に15％の最低税率が合意できても、それだけで巨大ＩＴ企業の複雑な租税回避問題を解決できるとは思えない。これについては、今後も議論が必要とされる。

日本企業の負担増とならないのは、喜ぶべきことか？

デジタル課税について、日本企業で対象となるのは、数社程度とみられる。他方で、課税権は得られる。だから、日本にとっては、有り難いことだ。

しかし、「それでよいのだろうか？」と考え込まざるをえない。これは、ビッグデータなどの新しいタイプの資産を活用して国境を越えて利益を上げられる企業が、日本にはごくわずかしかないことを意味するからだ。

現在の世界では、支社や工場などの施設がなくても、インターネットを通じて世界のどこでも事業を展開できる。そうした変化に日本企業が追いついていないのだ。デジタル庁を作ったところで、この問題が解決できるわけではない。デジタル課税の問題をきっかけに、日本のこうした現状を直視する必要がある。

第3章

マネーを制する者がデータを制する

1 マネーとは何か?

「マネー」とは何か?

マネーは、決済手段としてだけでなく、ビッグデータを収集する手段としても重要であることが分かってきた。

最初に、本書で「マネー」と呼んでいるものが何を意味するのかについて、説明しておこう(図表3-1参照)。これは、日常用語では「おかね」と呼ばれているものだ。

「マネー」という言葉を聞いて多くの人がすぐに思い浮かべるのは、日銀券などの「中央銀行券」だろう。しかし、現代の社会では、決済・支払い・送金等に中央銀行券が用いられるのは、少額の対面取引にほぼ限られている。離れた相手に対する送金や多額の支払いの場合には、銀行の口座振込を使うのが普通だ。したがって、「銀行預金」もマネーの一種とされている。

図表3−1　本書で「マネー」と呼んでいるものの範囲

種類	例	性質	管理・運営者	通貨か否か
中央銀行券(紙幣)	日銀券	中央銀行の債務	中央銀行	○(現金通貨)(注1)
銀行預金	銀行の預金	民間銀行の債務	民間銀行	○(預金通貨)(注2)
電子マネー	Alipay	銀行預金の入出金指示	電子マネー提供者	
仮想通貨(暗号資産)	ビットコイン	送金記録	なし	
CBDC	デジタル人民元	中央銀行の債務	中央銀行	
大規模ステーブルコイン	Diem	送金記録	Diem協会など	

注1)これらの他に、政府が発行している硬貨(コイン)があるが、残高は大きくない
注2)銀行預金の範囲をどう設定するかによって、預金通貨の計数は異なる

以上は、日本銀行の「マネーストック統計」が対象としているものだ。なお、これらは「通貨」と呼ばれることもある。また、日銀券と政府貨幣の合計を「現金通貨」と呼び、銀行預金を「預金通貨」と呼ぶ。

中央銀行券は中央銀行の負債であり、預金通貨は民間銀行の負債だ。現在では、残高で見ると、預金通貨の方がはるかに多くなっている。2021年6月末において、現金通貨が110・3兆円、預金通貨が862・8兆円だ(「M1」と呼ばれる通貨概念の場合)。

電子マネーと仮想通貨

ところで、最近では、「マネー」と呼ばれるものが、以上で述べたもの以外に、いくつ

も登場している。あるいは、登場することが予想されている。

その第一が「電子マネー」だ。中国では、Alibabaの子会社であるAntグループが、Alipayを提供している。また、中国最大のソーシャルメディアであるWeChatを展開するTencentも、WeChat Payを提供している。これらが、中国での二大電子マネーとなっている。

日本にも多数の電子マネーがある（詳しくは、第7章の4で述べる）。

もう一つは、「仮想通貨」（暗号資産）だ。２００９年に登場した「ビットコイン」が有名だが、それ以外にも、多数の仮想通貨が発行されている。次項で見るように、仮想通貨は銀行システムとは全く無関係に発行されている。

以上のほかに、中央銀行が発行するデジタル通貨（「中央銀行デジタル通貨」ＣＢＤＣ）や、Diemと呼ばれるデジタル通貨のように法定通貨に対する価値が大きく変動しない大規模な仮想通貨（大規模ステーブルコイン）の発行が計画されている。

これらは、まだ実現はしていないが、近い将来に発行されると考えられている。これらが実現すれば、マネーの世界は大きく変わることになるだろう。本書では、これらも、「マネー」の範囲に入れて考えている。

中央銀行デジタル通貨は、現在は紙の形態である中央銀行券をデジタル化したものだ。

中央銀行の債務であるという基本的な性格や運営方法は、中央銀行券と同じである。

電子マネーとは、銀行口座振込のためのアプリ

すでに述べたように、中央銀行券と民間銀行預金は、それぞれ、中央銀行と民間銀行の負債だ。ところが、電子マネーと仮想通貨は、これらとは性格が大きく違う。

まず電子マネーがある。これを用いて、店舗などでの支払いを行なうことができる。

電子マネーの仕組みは、次のようなものだ（図表3-2参照）。

・チャージ

電子マネーの利用者であるAさんが、送金額を自分の銀行口座から引き落として、電子マネー事業者Cの口座に振り込む（図表3-2の①：これは、事業者の立場から見て「入金」と呼ばれる）。事業者CはAさんのスマートフォンにあるウオレット（電子財布）に電子マネーという形態での情報を送る（図表3-2の②）。

図表3－2　電子マネーの仕組み

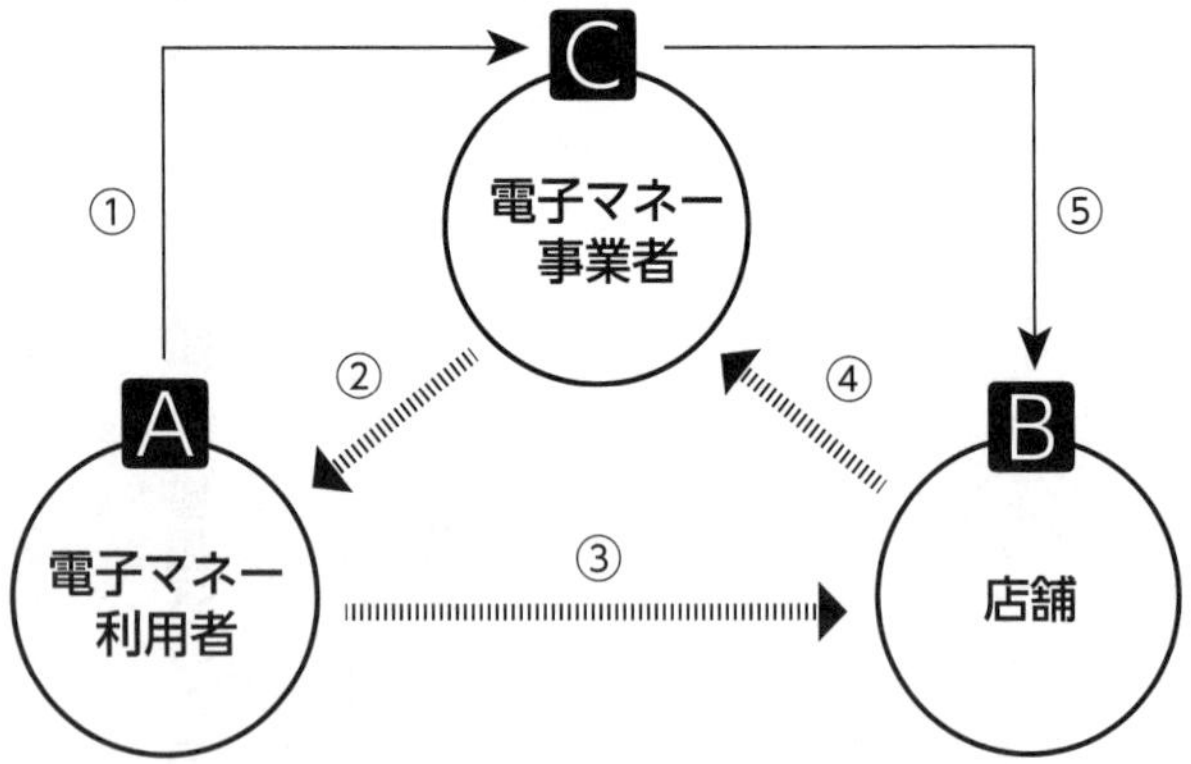

(注)実線が資金の移動を、点線が情報のやりとりを示す。

・電子マネーを用いた支払い

Aさんがスマートフォンのウオレットから、電子マネーを店舗Bに送る（図表3-2の③）。送り先は、リアルな店舗でなく、オンラインの店舗であってもよい。また、この電子マネーのウオレットを持っている個人でもよい。

・電子マネーの資金化

店舗Bは、振込を要請する通知を、電子マネー事業者Cに対して、インターネットを通じて送る（図表3-2の④）。

事業者Cは店舗Bからの要請に応じて、店舗が受け取るべき金額を、店舗が持つ銀行口座に振り込む（図表3-2の⑤：これは、電子マネー事業者の立場から見て「出金」と呼ばれる)。結局のところ、Aさんの口座から、事業者Cの口座を経由して、資金が店舗Bの口座に振り込まれたことになる。

これらのうち、図表において点線で示した②、③、④は情報のやりとりだ。QRコード決済の場合、これらはインターネットを通じて行なわれる。Suicaなどの「非接触型カード」では、読み取り機との間で無線で情報が伝えられる。

①と⑤が資金の移動だ。これらは、銀行の口座振込のシステムを用いて行なわれる。ただし、①のチャージは、現金を用いて行なわれる場合もある。

このように、電子マネーとは、銀行預金のシステムの上に作られた仕組みである。銀行預金口座からの振込を簡単に行なうための仕組みだ。これは、アプリの一種であると考えるのが分かりやすいだろう。

仮想通貨とは送金のデータ

仮想通貨とは、インターネットでやりとりされる送金のデータのことである。ビットコイン型の仮想通貨もDiemのような大規模なステーブルコインも、基本的な仕組みは同じだ。

利用する側からいえば、電子マネーも仮想通貨も、使い勝手の差があるだけで、基本的な機能は同じだ。どちらも、スマートフォンのアプリである「ウオレット」を用いて入出金する。そして、送金や決済を行なう。

しかし、それらの仕組みや運営のされ方、そしてその本質は、全く違う。マネーのデータ利用を考える際には、仕組みの違いが大きな問題となる。したがって、これからの議論のためには、これらの違いを正確に理解しておくことが必要だ。

なお、Diemのような大規模ステーブルコインやCBDCは、ビットコインなどと同じように、ブロックチェーンを用いて運用される。ただし、ブロックチェーンの性格が違う。

ビットコインのブロックチェーンでは、どんなコンピュータでも運営作業に参加することができる。これを「パブリック・ブロックチェーン」という。

それに対して、DiemやCBDCの場合には、ブロックチェーンの運営に参加できるコンピュータは、運営主体（Diem協会や、中央銀行）が指定するものに限られる。これは、「プライベート・ブロックチェーン」と呼ばれる。

図表3-3には、以上で述べた違いが示されている。

図表3−3　電子マネーと仮想通貨、デジタル通貨の違い

種類	性質
電子マネー	銀行預金の入出金指示（アプリ）
仮想通貨	ブロックチェーンに記録されたデータ
大規模ステーブルコイン	ブロックチェーンに記録されたデータ
CBDC	中央銀行券をデジタル化したもの

「マネーはデータである」ことを示す、ビットコインの仕組み

前項で、「仮想通貨は、インターネットでやりとりされる送金のデータである」と述べた。このことの意味を、もう少し詳しく説明しよう。

ビットコインでは、「アドレスからアドレスへの送金情報の送付」が行なわれる。ここで、「アドレス」とは、秘密鍵から生成されるものだ。秘密鍵とは、ビットコインの場合には、16桁の数字と記号の組み合わせである。

この取引内容はブロックチェーンに記録され、公開される。ブロックチェーンの記録は改竄《かいざん》することができないので、ブロックチェーンに送金の記録が残されれば、ビットコインの受け取り者は、ビットコインの正当な保有者であると主張できる。これによってビットコインの

送金が完了したことになる。

つまり、「取引内容を改竄できない記録に残す」ということが、ビットコインの送金なのだ。この過程においてやりとりされているのは、データだけである。つまり、「マネーはデータ」なのだ。

ビットコインの発案者であるSatoshi Nakamotoは、このことを、ビットコインの最初の論文であるBitcoin: A Peer-to-Peer Electronic Cash System（２００８年）において、“We define an electronic coin as a chain of digital signatures.”（電子署名の連鎖を電子コインと定義する）と表現している。

この簡潔な文章の中に、「マネーはデータである」という本質が凝縮されている。つまり、正しい送金記録が改竄できない形で公表されれば、銀行システムに依存することなく、インターネットを通じて送金ができるのである。ただし、取引者の名前が分かってしまうと問題なので、暗号で保護するのだ。

2　マネーは最強のデータ

マネーのデータが使えるようになった

中央銀行券は、匿名の支払い手段だった。だから、それをデータとして用いることはできなかった。

銀行預金の口座振込は、原理的にはデータとして使える。しかし、現実には、銀行は、そうしたデータを利用しようとはしなかった。マネーをデータとして利用するようになったのは、電子マネーになってからのことだ。

中国本土では、AlipayやWeChat Payのような電子マネーが非常に広く普及した。これによって、マネーの取引が詳細に把握できるようになった。

他方で、第2章で述べたように規制が強まり、これまでのビッグデータ源は今後使いにくくなる。とりわけ、サードパーティークッキーが規制されることの影響は大きい。したがって、マネーのデータの相対的重要度が増すだろう。

なお、これまでは用いられていなかった銀行のデータについても、銀行ＡＰＩという仕組みを用いて利用しようとする試みが始まっている。これについては、第5章で述べる。

電子マネー、デジタル通貨、銀行預金

マネーをビッグデータとして用いるには、三つの方法がある（図表3-4参照）。

第一は、電子マネーによってデータを得ることだ。現金通貨には匿名性があるが、電子マネーにはない。だから電子マネーでの取引によって、膨大なデータが集まる。これは、ビッグデータとして活用できる。

第二は、デジタル通貨（「Diem」のような大規模な仮想通貨、あるいは中央銀行デジタル通貨など）によってデータを得ることだ。こうした形態のマネーは、まだ現実化していないが、近い将来に導入される可能性がある。

そして、第三は、銀行が保有している顧客データ（預金の出し入れ、振込など）のデータを用いることだ。

なお、第1章の4で述べたコンビニエンスストアのポイントカードも、支払いの詳細なデ

図表３−４　マネーのデータを得る方法とその利用

データを得る手段	例	利用	本書での説明箇所
電子マネー	Alipay	信用スコアリング	第３章の３、第４章の１
大規模デジタル通貨			
(1) CBDC	デジタル人民元	?	第３章の４、５
(2) 民間のデジタル通貨	Diem	?	第３章の４
オープンバンキング		信用スコアリング	第５章の３
		記帳自動化	第５章の４
		コンサルティング	第７章の５

ータを提供するという意味で、「マネー」と同じように考えることができる。

　これらのうち、本章では、第一と第二の方法について述べる。

マネーのデータはなぜ強力か

　第1章で述べたように、これまでビッグデータとして利用されてきたのは、主として検索やSNS、マップなどから得られるデータだった。しかし、マネーのデータは、それらより詳細で正確だ。

　まず、SNSのデータには数量化できないものが多いが、マネーのデータは数量化できているので、分析に使いやすい。

　また、すべての人がSNSで発信している

わけではない。ＳＮＳを使っているのは年齢的にいえば若い人が中心であり、高齢者はあまり使わない。若くても、検索エンジンやＳＮＳやマップを使わない人もいるだろう。

したがって、これまでのビッグデータは、すべての人を網羅するものではない。偏ったデータであり、必ずしも社会全体を表すデータとは言えない。また、ＳＮＳから得られるデータは、経済分析に使えるとは限らない。

これに対して、マネーのデータは、非常に重要なデータになり得る。まず、マネーは、あらゆる経済取引の裏側にある。誰もが、日常生活の様々な場面で、毎日何度も支払いを行なっている。だから、マネーのデータは、ほとんどすべての個人や企業について存在する。

しかも、数値的に処理できる正確なデータだ。したがって、マネーについての大量のデータが利用できれば、それを用いて、ＳＮＳなどで得られるデータより、はるかに詳しい情報処理ができる。プロファイリングも、ずっと正確になるだろう。

半面で、マネーのデータはきわめてセンシティブなものなので、その扱いについて、十分な注意が必要だ。とりわけ、個人情報の侵害にならないように注意する必要がある。

マネーのデータは個別でも価値がある

第1章で述べたように、ＳＮＳのデータや検索データなどこれまでビッグデータとして用いられてきたものは、膨大な量のデータが集まることによって初めて価値を発揮する。一つ一つのデータをとってみれば、ほとんど価値がない。プロファイリングは、統計的な推定式によって見当をつけているだけである。だから、間違いもある。

しかし、マネーのデータは、これとは違う。何をどれだけ購入しているのか、誰にいくら送金をしているのか、誰から送金を受けているのか。仮にこうしたデータが得られたら、その人がどのような人であり、何をやろうとしているかは、かなり正確に分かってしまう。

つまり、一つ一つのデータであっても、価値が高い場合が多いのだ。例えば医療費の支払いが多いことが分かれば、健康上の問題を抱えていることが分かってしまう。プロファイリングというのはあくまでも統計的な推計に過ぎないが、マネーのデータは有無を言わせない証拠になる場合もある。

こうした意味で、マネーのデータは、従来のビッグデータより強力なのである。

香港のデモ参加者は、電子マネーを使わない

マネーのデータが個別にもきわめて価値が高いことを示しているのが、次のエピソード

だ。

2年ほど前、香港のデモが激しさを増し始めた頃のことだ。新聞記事に、「デモに参加する人たちは、地下鉄を使う際に電子マネーを使わない」とあった。多少不便だが、現金で料金を支払うというのだ。

電子マネーだと、「誰がどこで乗ってどこで降りたか」という情報が記録されてしまうので、政府や警察による取り締まりの対象となる危険があるからだ。この行為は、「デジタル断ち」と呼ばれた。

香港の電子マネーは、「オクトパスカード」というもので、JR東日本のSuicaと同じような交通系の非接触型ICカードだ。1997年、香港が中国に返還された2か月後に、香港の公共交通機関MTRに導入された。それが、一般の商店でも広く使われる支払手段へと発展した。クレジットカードのコストが節約されることとなり、香港の商業を活性化させた。オクトパスカードは、香港のサクセスストーリーといわれた。それが一転して、警戒の対象となったのだ。

もちろん、オクトパスカードのデータを、直ちに警察が使えるわけではあるまい。裁判所の命令が必要だろう。しかし、警察は裁判所の命令なしにデータを提供させているのではないかとの疑いが広まった。政府、そしてさらにはその背後に控える中国政府が、市民を監視し、コントロールするためにバックドアを使っているという懸念があったのだ（「バックドア」とは、正規の手続きを踏まずにコンピュータ内部に入ることが可能な侵入口。ＩＤやパスワードなしでログインできてしまう。設計段階で設けられている場合もある）。

マネーの利用記録は、他のいかなる監視手段よりも強力で正確だ。例えば、地下鉄の改札口に監視カメラがあったとしても、大勢の乗客の中から活動家の顔を識別することは、容易ではない。

仮に識別できたとしても、その人がどこに向かっているかは分からない。しかし、電子マネーのデータなら、氏名はおろか、どこに向かうかも分かってしまうのだ。

3 無限の可能性を持つ信用スコアリング

信用スコアリング

中国では、AlipayやWeChat Payという電子マネーが広く利用されている。これによって得られるデータを用いて「信用スコアリング」が行なわれるようになった。これは、個人の信用度を、定量的に測定するものだ。第1章で述べたようにＡＩがビッグデータを用いて特定の人の属性を推定することを「プロファイリング」というが、信用スコアリングはその一種である。

実際のサービスとしては、Antグループが提供する「芝麻《ジーマ》信用」がある。これは、２０１５年1月に始まったもので、Antグループが運営する電子マネーAlipayの取引データをビッグデータとして利用し、個人の信用度を測定する。WeChat Payを運用するTencentは、信用スコア「微信支付分」を２０１９年1月に発表した。

この結果は、融資の審査などに用いられる。実際に融資を行なうのは、Alibaba系は網商銀行（MyBank）、Tencent系は微衆銀行（WeBank）だ。網商銀行は、オンライン銀行として主に中小零細企業向けのローンを提供する。2015年6月に設立された。微衆銀行は、2014年に民間ネット専業銀行として設立された。

融資判断が正確であるため、延滞率が低くなる。網商銀行の2019年末の零細事業者向け融資の延滞率は「30日以上」が2・03%、「90日以上」でも1・57%だ。不良債権比率は1・3%と、業界平均の約2%を大きく下回る。

このように、Alipayは、「決済サービスを無料にし、そこから得られるデータを活用して収益を上げる」というビジネスモデルを確立したのだ。このため、Alipayの加盟店向けの手数料率は、最大でも決済額の0・6%と低く抑えられている。決済サービスから得られるデータを収益化した初めての例だ。信用スコアリングは、広告ではない。ここがGoogleのビジネスモデルと違うところだ。

巨額の時価総額を実現

Antグループは、2020年秋に上場の予定だった。その企業価値は約1500億ドル

(約16兆円)程度だといわれた。これは、米シティグループの時価総額を超え、三菱UFJフィナンシャル・グループなど日本の3メガ銀行の時価総額の合計を上回るものだ。設立されてからわずか6年で、世界最大級の金融機関となったのだ。

このような驚異的な成長は、信用スコアリングを用いて貸付け審査を行なうビジネスモデルを確立したことによる。これまでと異質のビジネスモデルが世界最大の金融機関を作ったのだ。

決済データをビッグデータとして用いることは、これまでの金融機関にはなかった収益源であり、無限の可能性を秘めている。このような収益源を持っている金融機関は、他にない。Antグループは、従来の金融機関とは異質の金融テクノロジー企業なのだ。

信用スコアは、「金融包摂」を実現した

信用スコアは、社会的に大きな意味を持っている。担保がないためにこれまで融資を受けることのできなかった自営業者や零細企業が、融資を受けられるようになるからだ。

これまで融資などの金融サービスを受けられなかった人々が、受けられるようになることを「金融包摂」(Financial Inclusion)と呼ぶ。従来の中国では、国民の大部分が金融サービス

を受けることができなかった。そして、「利用履歴や担保がないために信用度が評価できず、そのために金融サービスを受けられない」という悪循環に陥っていたのだ。これを信用スコアが解決しつつある。

正確さを欠く信用スコア融資では、不良債権が発生する

クレジットスコアは、以前から先進国には存在していた。例えば、アメリカの「ＦＩＣＯスコア」は有名だ。ただし、あまり正確でなかった。

日本では、１９９８年に、東京都民銀行がクレジットスコアリング型融資を開始し、メガバンクもスコアリング型融資に取り組んだ。ところが、大量の不良債権が発生してしまった。新銀行東京は、スコアリング貸出によって、巨額の赤字を抱えた。こうした結果になったのは、データが財務諸表などを元としたものであり、スコアが正確でなかったからだ。

最近、日本でも、「ＡＩを用いた信用スコア」というものが開発され、提供されている。

しかし、信用スコア算出のために用いられるデータは、年齢、性別、未既婚、子供の有無、学歴、勤務先の業種と職種、正社員か否か、会社規模、年収、社会保険の種類、持家か否か、などの情報だ。これらをＡＩで分析してスコアを算出し、融資の可否と金利などの条件

を決めるのだという。

しかし、ここで用いられているのは、主として利用者からの申告情報だ。自己申告であれば、誰でも、自分に不利な情報は申告しないだろう。虚偽情報が申告されていないかどうかを、チェックできるのだろうか？　このようなデータで正確な融資判断ができるのかどうか、疑問と言わざるをえない。

4　デジタル通貨：DiemとCBDC

Diemが巻き起こした大論争

前節で述べたのは、電子マネーによってマネーの取引記録をデータとして活用できるようになったということだ。

図表3-4に示したように、マネーのデータ活用は、他の手段でも可能になっている。まず、大規模な仮想通貨で価値が安定した民間のデジタル通貨がある。その始まりが、2019年の6月、アメリカのSNS提供企業であるFacebookによって発表された「Libra」だ。

Libraは、ビットコインと同じような仮想通貨だが、いくつかの違いがある。最大の違いは、現実の通貨に対する価値が大きく変動しないことだ。こうしたものを、「ステーブルコイン」と呼ぶ。

ビットコインは価格が変動するため、投機の対象にはなったが、日常的な支払い手段には使いにくかった。ステーブルコインによって、仮想通貨が送金の手段に使えるようになる。

このため、規模が非常に大きい通貨圏が形成される可能性がある。Facebookの利用者は、世界で20数億人といわれる。仮にこれらの人々がLibraを使うことになれば、それによって形成される通貨圏は、世界のあらゆる国のそれを凌駕《りょうが》する。

さらに、Facebookの現在の利用者の枠を超えて拡大する可能性もある。世界には銀行口座を持たない人が17億人いるといわれる。この人々がLibraを使うようになれば、きわめて大きな変化が起きるだろう。

Libraに対しては、世界的な大議論が起きた。各国の金融当局が、直ちに反応して、これを取り潰しにかかった。

Facebookは、これに対応して、当初の野心的なプランから後退せざるをえなくなった。ただし、計画そのものが中止になったわけではない。「Diem」と名称を変更して発行される可能性がある。Diemの発行・管理団体は、２０２1年5月、スイス金融当局への認可申請を取り下げ、主要拠点をアメリカに移すと発表した。そして、既存の米銀と提携する形に切り替えるとした。

Diemの目的は、マネーのデータ？

ところで、Facebookは、何のためにDiemを発行するのだろうか？

Facebookは、多くの人に便利な支払い手段を提供するのが目的だとしている。確かに、それはいいことだ。しかし、Facebookは公益団体ではなく、私企業である。人々の幸福に貢献するというだけではなく、それ以外の目的があっても、不思議ではない。

Diemの手数料はほぼゼロになるだろうから、手数料収入が目的とは考えられない。「シニョリッジ」（通貨発行益）を得るのが目的だという見方もある。しかし、Diemを発行するDiem財団は、発行額と同額の準備資産を保有するとしている。その資産は、流動性の高いものでなければならないので、収益率は低い。だから、シニョリッジが目的とも考えられない。

Diem発行の真の目的は、取引データの獲得にあるのではないだろうか？

では、Facebookは、Diemで取得したデータを用いて、どのような利用をするつもりなのだろうか？ Facebookは、これに関しては、何も言っていない。

ＣＢＤＣとは中央銀行が発行するデジタル通貨

大規模デジタル通貨のもう一つのカテゴリーは、ＣＢＤＣ（中央銀行デジタル通貨）だ。日本銀行によれば、ＣＢＤＣとは、次の三つの条件を満たすものだ。

（1）デジタル化されていること、（2）円などの法定通貨建てであること、（3）中央銀行の債務として発行されること。

日銀の債務としては、現在、日銀券と、民間銀行が日銀に持つ当座預金がある。それにＣＢＤＣが加わることとなる（あるいは、置き換わることとなる）。つまり、ＣＢＤＣとは中央銀行が発行するデジタル通貨だ。Diemの場合には発行運営者はDiem協会だが、それが中央銀行になったと考えればよい。

利用手数料については、送金者側でも受け取り側でも、おそらくゼロに近い水準になるだろう。

紙幣には匿名性がある。それに対して、ＣＢＤＣのウオレットは、スマートフォンのアプリだ。これをダウンロードするのに、本人確認は必ずしも必要ない。ただし、マネーロンダリングなどに対処するため、本人確認をするだろう。そうすると、匿名性のないマネーになる。

CBDCは転々流通する

CBDCは、日銀券が魔法の力を得て、遠くの相手にも飛んでいけるようになったようなものだ。

具体的には次のとおりだ。例えば、AさんがCBDCのアプリ（ウオレット）をスマートフォンにダウンロードし、銀行預金を引き出して、そこに入金する。それを受け取り者のBさんに送金すると、それがBさんのものになる。

本章1での説明から明らかなように、電子マネーは1回限りの支払いだ。送金された額を受け取り者が預金に出金すれば、預金に戻る。それに対して、CBDCの場合には、預金に戻るとは限らず、転々流通する。Bさんは、それをさらにCさんのウオレットに送金することができる。

とくに大きな変化は、海外送金において生じるだろう。現在の国際的な送金・決済のための仕組みは、きわめて非効率でコストがかかる。CBDCを用いて送金・決済ができる仕組みが構築されれば、海外への送金は、著しく効率化するだろう。

二層構造、コイン方式のCBDC

現在の中央銀行券の場合、中央銀行と利用者との間に民間銀行が介入する。CBDCにおいても、中央銀行と利用者との間に仲介金融機関が介入する。つまり、二層構造になっている。

そして、ひとまとまりの金額を一つの「トークン」と見なして管理する。つまり、それ自体として価値があるものとして、他のウオレットに送られる。したがって、コインの取引を銀行口座に反映させることはない。発行元の銀行口座に戻された時にコインが消滅するが、それまではウオレット間を転々流通する。

５　デジタル人民元の目的は、データを国家が握ること？

デジタル人民元の発行が間近

中国は、ＣＢＤＣである「デジタル人民元」の発行を計画している。

これは前述した二層、コイン方式のものだ。４大商業銀行（中国銀行、中国建設銀行、中国工商銀行、中国農業銀行）が仲介機関となる。

利用者は、４大銀行のいずれかに保有している預金を取り崩して、自分のウオレット（電子財布）にデジタル人民元の残高を得る。

デジタル人民元は、すでに実証実験が何度も行なわれている。こうした過程を経て、かなり実用に近い段階になっていると思われる。

将来は、貿易相手国などとの国際決済にも用途を広げる予定だ。すでに、タイやアラブ首長国連邦の中央銀行と研究事業を始めた。

デジタル人民元でデータを国家の手に

中国政府は、デジタル人民元にきわめて積極的だ。なぜそれほど積極的なのか？ 送金の効率化という点では、すでに電子マネーが広く使われているのだから、それに加えてわざわざ中央銀行デジタル通貨を発行する必然性は乏しい。

デジタル人民元の発行によって、人民元の国際的地位を高めるのが目的だという見方もある。確かにそうしたこともあるだろう。

しかし、そうした目的ばかりではないと思われる。一つは、Diemに対抗する必要だ。これが中国でも使われれば、中国からの資本流出が生じる危険がある。その対策として必要だ。また、課税強化という目的もあるかもしれない。

しかし、真の目的は、国民の一人一人に関する詳細なデータを入手することにあるのではないかと思われる。これまでマネーのデータは、Alipayなどの電子マネーによって収集されてきた。すでに見たように、Alipayを運用するAntは、それを用いて信用スコアリングを作成し、驚異的な成長を実現した。そのような貴重なデータを国家のもとに集めるというのが、デジタル人民元の重要な目的ではないだろうか？

中国はすでに２０１９年に「暗号法」を制定している。そして、最高クラスの暗号は国家が管理するとしている。これは、デジタル通貨によって得られる情報を国が管理することを狙ったものではないかと考えられる。

そうなれば、これまで民間の電子マネー運用者が独占していたマネーのデータが政府の手に渡ることになる。これによって中国政府の国内支配力は飛躍的に高まるだろう。それができれば、中国政府は、きわめて強力な管理手段を握ることになる。

先進国の場合には、中央銀行がそうした情報を把握しても、使い途《みち》がなく、かえって持て余すだろう。しかし、中国は特殊だ。

もちろん、中国当局は、このような可能性については、一言も言っていない。むしろ、デジタル人民元では、少額取引については匿名取引が可能だと強調している。しかし、そうしたことが強調されるのは、真の目的を隠蔽《いんぺい》しようとするためではないかと考えられなくもない。

中国外のデータも中国政府が把握？

国内の取引を完全に把握できるだけではない。仮に中国外でも使われるとすれば、そこでの取引情報も入手できる。

中国は、一帯一路地域やアフリカ諸国の支援にあたって、デジタル人民元の利用を中国政府が積極的に推し進め、「人民元通貨圏」を作ろうとする可能性もある。仮にそれらの地域でデジタル人民元が広く使われることになれば、中国は、それらの諸国に関する詳細なデータを手に入れることができる。

日本で使われることになれば、日本の経済取引の詳細が中国政府に筒抜けになるだろう。

6　ヨーロッパのCBDC

スウェーデンの電子マネーSwish

スウェーデンでは、すでにキャッシュレス化が進行している。国民は紙幣を使わなくなっており、同国は世界で最もキャッシュレス化が進んでいる国の一つとされる。

現金使用率は、わずか２％程度と言われる。小売店での現金支払いが断られたり、路上で雑誌を売っているホームレスや露店でさえ、「現金はお断り」としているそうだ。銀行の大部分の店舗では、現金を取り扱っていない。ＡＴＭを設置していない銀行支店もあるという。

スウェーデンの電子マネーは、「Swish」と呼ばれるものだ。これは、スウェーデンの６つの銀行が共同開発した決済システムだ。

支払いの際、相手の電話番号と金額を入力すると、相手の銀行口座にほぼ即時に着金し、決済が完了する。これによって、買い物や飲食などの支払いができる。2012年にサービスが開始された。

国民の半数以上が利用している。ここで用いられるのは、出生時に割り振られる個人識別番号と名前と電子証明書とを統合したBank IDと呼ばれる番号だ（この詳細は、第4章の3で説明する）。

リクスバンクがeクローナの実験を開始

スウェーデンの中央銀行であるリクスバンクは、CBDCの実証実験を開始している。これは、「eクローナ」と呼ばれるものだ。

デジタル人民元の場合と同じく、eクローナにおいても、二つの層がある。第一層は、リクスバンクと民間銀行から構成される。民間銀行は、RIXにおける当座預金の増減でeクローナを入手または返却できる。ここでRIXとは、リクスバンクが運営する資金決済システムだ。だから、eクローナはリクスバンクの債務として発行されることになる。

第二層は、民間銀行と最終利用者から構成される。最終利用者とは、個人、企業や商店だ。民間銀行は、eクローナを最終利用者に配布する。これは、最終利用者の銀行預金口座を介してなされる。つまり、最終利用者は、預金の残高を減らしてｅクローナを取得する。そして、ｅクローナを返却して預金の残高を増やす。

最終利用者は、これを様々な支払い手段に使える。スマートフォンにインストールされたデジタルウオレットや、商店のキャッシュレジスターでｅクローナの残高を管理する。これは、個人と店舗の間などで、銀行を介することなくｅクローナを取引することができることを示している。つまり、ｅクローナも「トークン型」になっているわけだ。

現在の電子マネーであるSwishは、ｅクローナが導入されれば、それに切り替えられるのだろう。

なお、ｅクローナが匿名性のある通貨か否か（つまり、最終利用者は、本人確認されるのかどうか）については、未定だ。もし現在のSwishのシステムが引き継がれるなら、Bank ID（第４章の３参照）で本人確認がなされるだろう。つまり、ｅクローナは、現在の紙幣のような匿名通貨ではなく、非匿名通貨になる。

デジタルユーロは２０２６年の発行を目指す

欧州中央銀行（ＥＣＢ）は、２０２０年10月、ユーロのＣＢＤＣである「デジタルユーロ」

に関する報告書を公表した。ここには、デジタル人民元とDiem（当時はLibra）に備えなければならないという問題意識が濃厚に現れていた。

ユーロ圏のCBDCである「デジタルユーロ」の発行に前向きなECBのラガルド総裁は、2021年3月にテレビのインタビューで、「この夏に決定すれば、発行が4年以内に実現することを望んでいる」と述べた。

ECBは、7月14日、デジタルユーロの発行に向け、本格的な準備を始めると発表した。ラガルド総裁は声明文で「ギアを上げ、デジタルユーロプロジェクトを開始する」と表明した。

調査期間は2年で、その3年後に導入される見通しだ。金融システムや金融政策に悪影響を与えないためのデジタル通貨の設計などを進める。ECBが動き出したことによって、他の主要国中銀の背中が押されることになるだろう。

7　デジタルドルの発行でマネーの世界は大きく変わる

「デジタルドル」の検討が始まる

これまで、アメリカ財務省もFRB（米連邦準備理事会）も、中央銀行デジタル通貨に対して異常なほど消極的だった。FRBのパウエル議長は、2020年10月、国際通貨基金（IMF）が開催した国際送金に関するパネルディスカッションで、CBDCの発行について慎重な姿勢を示した。トランプ前大統領がデジタル技術に対して否定的な考えを持っていたことの影響が大きかったと考えられる。

しかし、中国がデジタル人民元政策を積極的に進めていけば、アメリカものんびりしてはいられない。実際、バイデン政権の成立により、デジタルドルをめぐる状況が変化してきた。

2021年5月20日、FRBは、ドルの中央銀行デジタル通貨（CBDC）である「デジタルドル」の発行についての検討レポートを夏に出すと発表した。これまでの消極的な態度を考えると、このような報告書を出すこと自体が、大きな転換と言える。

デジタルドルによる金融包摂への期待

中国では、AlipayやWeChat Payなどの電子マネーがきわめて広範に普及しているのに対して、アメリカにはそれらに相当するほど広範に使われている電子マネーは存在しない。キャッシュレスの手段としてはクレジットカードが古くから使われているが、これは、店舗が支払う手数料が高い。

なお、アメリカでは、PayPalが約20年前から使われている。これは、ネット上の支払いにクレジットカードを使う場合に、その番号を相手に知らせなくても支払いができるようにしたものだ。アメリカでは、ネット上の支払いのための送金手段として広く使われている。ただし、クレジットカードのシステムを改良しただけのものであり、さほど革新的な技術とは言えない。

したがって、仮にデジタルドルが発行されることとなれば、アメリカのマネーの仕組みは大きく変わる。

バイデン政権は、「金融包摂」を重視している。アメリカでは、低所得層を中心に全世帯の約5％が銀行口座を持っていない。デジタルドルが使えるようになれば、こうした人々も金融サービスにアクセスできることになる。

デジタルドルの影響は、デジタル人民元と比較にならぬほど大きい

すでに述べたように、デジタル人民元は発行間近だ。このため、主要国の中央銀行には、CBDCの国際標準を中国に握られかねないとの危機感がある。

FRBのブレイナード理事は、「ある国でCBDCが発行され、それが国境を越えた決済に使われるようになると、世界中に大きな影響を与える可能性がある」と指摘した。

デジタルドルが使えるようになれば、企業の資金効率は大幅に改善する。個人の国際送金も速く、コストがより安くなる可能性がある。このため、少額で頻度の高い国際送金が増える。

デジタル人民元の場合には、仮にそれが中国外で使えるようになったとしても、中国以外の国の人々にどれだけ受け入れられるかは疑問だ。それに対して、ドルであれば全く問題なく受け入れられるだろう。実際、現在国際取引のほとんどはドル建てで行なわれている。

このため、デジタルドルは、非常に大きな国際的影響を与えることになる。

例えば、新興国でデジタルドルが容易に手に入るようになれば、自国通貨からデジタルドルへの大規模な資金の移動が起こり、その国の通貨システムが危殆《きたい》に瀕《ひん》するかもしれない。その影響があまりに大きいためにデジタルドルの発行には慎重にならざるをえない、という面もあるだろう。

日本も、こうした動きを座視しているわけではない。日本銀行は、2021年4月、CBDCの実証実験を始めた。2022年3月までに、基本機能の検証を行なう。その後、他の機能も加えた第二段階の検証を進めるとしている。

第4章

マネーのデータを本人がコントロールできるか？

1　信用スコアの用途拡大

信用スコアが高いと特典がある

第3章で述べた中国の信用スコアは、その後、融資審査に限らず、生活の様々な場面で用いられるようになった。

例えば、シェアサイクルやレンタカー、レンタルバイク、あるいはホテル宿泊、本の貸出サービスなどにおいて、デポジット（保証金）が免除される。さらに、病院の優先的予約ができる。海外旅行に行った時の免税申請を並ばずにできる、などだ。また、雨傘の無料レンタルなどもある。また、賃貸物件の契約で敷金が不要になったり、一部の国（シンガポールやルクセンブルク）のビザ取得が容易になるなどの利点もある。

このような恩典が受けられるので、スコアを高めるため、交友関係や免許証などの情報を積極的に提供する人も多い。

さらに、中国の多くの企業が、採用時に芝麻信用の点数を考慮するようになった。こうして、「信用スコアが低いと結婚もできない」と言われるほど、大きな影響力を持つようになったのである。

管理社会への途が開かれないか？

信用スコアが融資審査以外の様々な場面で用いられるようになると、問題が生じる。スコアの低い人は就職できず、スコアがさらに下がるという悪循環に陥り、社会から締め出される危険があるからだ。

しかし、中国では、「信用スコアはよいことだ」と考えている人が多いようだ。中国は、これまで人を信用することができない社会だった。だから、信用スコアが導入されれば、社会が透明化される。このため、それが国家による管理に使われるという面に対する警戒心が、あまりないのではないかと思われる。

信用スコアが広がれば、悪い人がいなくなり、良い人が得をするのだという。もちろんそういう面はあるだろう。しかし、「良い、悪い」が、どのような基準によって判断されるかが問題なのだ。

ＳＮＳの情報が用いられれば、反政府的な考えを持つ人のスコアが低くなるだろう。中国共産党への絶対服従を確実にするための社会監視制度になり、国家統制が強化される危険がある。

第2章で述べたように、欧米では、プロファイリングはプライバシーの侵害や人種差別を助長するとして、規制強化の方向に動いている。ところが、中国は、これとは全く異なる道を歩んでいるのだ。

「データ共産主義」の具体的な形が「社会信用システム」

中国では、「社会信用システム」というものが作られている。これは、全国民を「ソーシャルクレジット」という数値で評価しようとするプロジェクトで、２０１４年に発表された。個人だけでなく、企業も対象となる。

社会信用システムは、「芝麻信用」が発展したものだと見ることができる。だから、そこで用いられる基本的なデータは、電子マネーの取引データであろうと想像される。

その他、資産、職歴、インターネットでの発言などのデータも用いられる。住民からの通報などの情報も用いられるという。

ソーシャルクレジットが低くなると、ローンの審査が厳しくなる。それだけでなく、ホテルの予約や交通機関の利用が制限される場合もある。また、就職、子供の入学、行政手続きなどの面でも、不利な扱いを受ける可能性がある。

「スコアリングによって国民を評価し、それに応じて不利な扱いや優遇措置を与えて社会秩序を改善する」という目的は、分からなくはない。不穏な行動を抑止し、善行を奨励するのに寄与するだろう。

しかし、このシステムが恣意的に用いられると、政府が国民をコントロールする統治のツールになる危険がある。

2　匿名通貨による個人情報の保護が可能か？

マネーをデータとして使うと、プライバシーの問題が生じる

これまで存在していたマネーのうち、中央銀行券（紙幣）は匿名通貨だったので、そのデータを利用することは考えられなかった。もう一つの重要なマネーである銀行預金については、銀行が把握できるのだが、それをデータとして利用することは考えられていなかった。

しかし、第3章で述べたように、この状況が大きく変わりつつある。紙幣に代わってデジタル通貨や電子マネーが使われるようになると、その運用者は取引情報を把握できるようになる。その情報をビッグデータとして用いれば、巨額の収益を上げることができる。これは、Antグループが信用スコアを通じて示したことだ。これは、金融機関の新しいビジネスモデルとして大変重要な意味を持っている。

さらに中央銀行デジタル通貨やDiemが、新しい世界を切り開くことになる。

他方において、個人の側から見ると、個人情報が適切に保護されるかどうかという問題が生じる。もちろん、個人情報保護の観点から、個人が特定できるような形での情報の売買などは禁止されている。

しかし、個人としては、事業者がそのような措置を講じることを期待するだけだ。実際には、それをチェックすることは難しいという問題がある。第2章で述べたリクルートナビ事件は、その典型例だ。

電子マネーでは匿名性は実現できない

第3章で述べたように、マネーのデータには二つの側面がある。第一は、ビッグデータとしての側面だ。そして、第二には、個人の状況を直接に把握するための情報としての側面だ。この二つは区別して考える必要がある。

ビッグデータとして利用する場合には、個人名とデータを紐付ける必要はない。アドレスが分かっていれば十分だ。実際、これまでのSNS等によるビッグデータの利用においては、本人名を用いないでプロファイリングが行なわれてきた。日本の個人情報保護法でも、個人名と結びつけていないデータは、「個人情報」とはされていない。

ただし、個人としては、データを利用する主体が本当に個人名と結びつけない形で利用しているかどうかを確かめることはできない。

そこで、そもそものマネー運用の仕組みによって、匿名性が保持できることが望ましい。これは、マネーがどのような仕組みで運用されるかに依存する。

電子マネーにおいては、個人名は分かってしまう。なぜなら、第3章で述べたように、電子マネーとは、基本的には銀行口座の振込を効率的に行なう手段にすぎないからだ。そして銀行口座の開設にあたっては、本人確認を厳密に行なっている。だから、電子マネーの運営者には、誰のデータかが分かってしまうのだ。

仮想通貨の本来の仕組みは匿名通貨

しかし、仮想通貨の場合には事情が異なる。

第3章の1で述べたように、ビットコインの取引はインターネット上で公開されている。ただし、そこで分かるのは、「あるアドレスから他のアドレスにどれだけのビットコインが送金されたか」ということだ。そのアドレスが現実世界の誰に対応しているかは分からない（なお、同じアドレスを用いていると秘密鍵を推定されるおそれがあるので、アドレスは頻繁に変える)。このような意味で、ビットコインは、もともとの形では、匿名性のある通貨であった。ただし、これは、当初の仕組みである。

その後、ビットコインは変質した。当初の形態では、ビットコインを入手するには、マイニングという作業に参加するか、あるいはビットコインを持っている他の人から送金してもらうしか方法がなかった。しかしこれでは流動性が乏しく、送金には使いにくい。

しかも、秘密鍵の操作には、高度な知識と技能が必要だ。秘密鍵を紛失すると救済方法がないなど、普通の人が使うにはハードルが高すぎた。

そこで、実際の通貨との交換を行なう取引所が作られるようになった。取引所は、これまであった中央集権型の組織と同じものだ。そして、取引所がブロックチェーンとの取引を行なう。

個人は保有しているビットコインを取引所に預けたままにしているのが実態だ。この場合には、取引所は個人に秘密鍵を渡すのではなく、銀行預金の場合と同じようにＩＤとパスワードという扱いやすいものを渡して処理している。

その後、仮想通貨に対する規制が強まり、取引所は本人確認を行なうよう要請されるようになった。つまり現実には、仮想通貨も匿名性がない通貨になった。

第3章で述べたように、2019年にFacebookによって「Libra」が提案された（名称は、その後「Diem」と変更された）。またデジタル人民元やスウェーデンのeクローナなど、中央銀行デジタル通貨（CBDC）を発行する計画が進められている。

このような違いがあるが、DiemやCBDCにおいても、匿名性を実現することが可能だ。それを扱うウオレットを承認する際に、本人確認を厳密にしなければ、匿名性が実現できる。

プライバシーを優先するか、不法取引排除を優先するか

前項で述べたように、仮想通貨の場合には、CBDCも含めて、匿名通貨にするか否かは、政策判断の問題である。ではどちらが望ましいか？

プライバシーを重視する立場から言えば、本人確認を厳格にしないことが望まれる（中央銀行が発行する通貨を匿名にするのは奇妙だという意見があるかもしれないが、現在の中央銀行券は匿名通貨である。それと同じ性質のものにするというだけのことだ）。

そうすれば、ここから得られるデータは、個人と紐付かないビッグデータとして用いることはできるが、個々人の行動の追跡はできないものになる。

ところがそうすると、マネーロンダリング、不正蓄積資金の送金、あるいはテロリストの送金などに使われるといった問題が生じる。これを防ぐためには、本人確認を厳格に行なうことが必要だ。

この二つのいずれを重視するかは、政策判断の問題である。どちらも完全に実現することは、原理的にできない。

一つの現実的な方法は、本人確認の厳格さと送金可能額を関連付けることだ。すなわち、少額の送金しかできないウオレットに関しては、本人確認なし、あるいは簡単なものとする。それに対して、多額の送金も可能なウオレットについては、本人確認を厳格にするということである。つまり、日常的な少額送金については匿名送金を許すが、企業や組織による多額の送金の場合には、匿名性を許さないということだ。

公共性のためにプライバシーをどれだけ犠牲にしてよいと考えるか、これが今後、検討されなければならない中心的課題だ。

3　電子署名システムを銀行口座管理に使う

北欧諸国での銀行口座管理

２０２０年、「ドコモ事件」と呼ばれる資金流出事件があった。犯人が不正に他人の預金を引き出し、それを犯人が不正に開設したドコモ口座に入金したのだ。

現在のような口座番号と暗証番号の組み合わせによる口座管理は、破られることが分かった。これは、深刻な問題だ。

北欧諸国では、より進んだ仕組みが導入されている。

スウェーデンでは、日本の「マイナンバー」に相当する個人識別番号（ＰＩＮ：Personal Identification Number）が１９４７年に導入された。

２００３年に導入されたBank IDは、これと氏名、電子証明書を統合したもので、日本の「マイナンバーカード」に相当する。

Bank IDは、パスポート、運転免許証などに匹敵する電子身分証明書であり、Bank IDで作成された電子署名は、物理的な署名と同等の法的立証力がある。

２０１２年にモバイルＰ２Ｐ決済サービス「スウィッシュ（Swish）」の認証手段にBank IDが使われたことによって、利用が広がった。２０１９年における使用件数は41億件。97％がMobile Bank IDによるものだ。

アプリを起動し、送金したい相手の携帯電話番号を入力する。Bank IDで本人認証することによって、瞬時に相手方の銀行口座に送金できる。

デンマークにも同様の仕組みがある。まず、個人識別番号の「ＣＰＲ」。これは、個人所有の銀行口座とも紐付けされている。そして、本人証明を行なう「Nem ID」がある。Nem IDはデンマーク国内の公的な機関への申請や、支払いのやり取りをオンライン上で行なう際に、個人確認・本人確認として利用される。インターネットバンキングにも、安全で簡単にログインできる。

エストニアにおいても、デジタルＩＤであるe-ＩＤカードが広く利用されている。

電子署名と電子認証

Bank IDやNem IDは、電子署名と電子認証を行なうものだ。これについて説明しよう。

個人Aは、公開鍵と秘密鍵を持つ。公開鍵は公開される。Bが、A名義の暗号メッセージをAの公開鍵を用いて解読できれば、そのメッセージはAの秘密鍵で暗号化されたものであることが分かる。Aの秘密鍵はAだけが保有しているものなので、Aが送ったメッセージだと確認できる。

残る問題は、「Aの公開鍵」とされているものの所有者が、本当にAかどうかの証明だ。このため、認証局とよばれる機関が「Aの公開鍵に間違いない」という証明を与える。これを「電子認証」という。

電子署名が印鑑をデジタル化したものであるとすれば、電子認証は、「印鑑登録証明書」に相当する。

マイナンバーカードを銀行口座管理に使えるか?

電子署名と電子認証を使うためのシステムとして、日本にはマイナンバーカードがある。

マイナンバーカード発行時に、秘密鍵と公開鍵のペアが市町村から発行される。秘密鍵と電子証明書が、マイナンバーカードにあるＩＣチップの中に格納されている。電子証明書を取り出す時には、暗証番号を入力する。「地方公共団体情報システム機構」（Ｊ−ＬＩＳ）が、「認証局」となっている。すなわち、公開鍵に対して、電子証明書を発行する。

この仕組みを用いて、例えば、コンビニエンスストアで、住民票の写しを得ることができる。それだけでなく、銀行口座にログインするという方式が、技術的には可能だ（現在でも、口座開設時にマイナンバーカードで本人証明を行なうことは可能だ）。

政府による名寄せへの反対は強い

日本では、マイナンバーの利用範囲は、社会保障、税、災害対策に限定されている。もちろん、法律を改正すれば、マイナンバーの利用範囲を広げることができる。

すべての銀行口座についてマイナンバーの紐付けを義務付けるという提案がなされているが、反対が強いため、現在では任意だ。それによって税務調査が容易になるからだ。

税務署は、現在でも職権によって口座の内容を調べることができる。ただし、「どの口座を調べるか」という問題がある。多数の口座を持っているとすると、その存在は、税務署にも多分分からないだろう。ところが、銀行口座がマイナンバーに紐付けられていれば、名寄せができる。だから、どの口座を調べたらよいかが分かる。

実は、この問題は、住民基本台帳カードが広がらなかった大きな理由の一つである。

国民コントロールに用いられる危険

課税の公平性の観点からいえば、口座の名寄せができるのは、望ましいことだ。多くの国民にとっては、そうなったところで、何の問題もないだろう。

日本政府が現在のように民主的な政府であり続ければ、これが国民管理に使われることもないだろう。

しかし、将来にわたってそう考えてよいという保証はない。仮に将来、強権的な政府が現れて、国民コントロールの手段としてこれを悪用することは、ありえなくはない。預金口座のデータを調べれば、直接に個人の生活を知ることができるので、プライバシーがなくなる。

したがって、この方式は、政府に対する強い信頼がある場合にしか導入できない。北欧諸国では、そうした信頼があるので、Bank IDやNem IDが銀行ログインに使われるのだ。

4　プライバシーを守る「分散型ＩＤ」とは何か

自己主権型アイデンティティとは

以上で述べた問題には解決策がある。それは「分散型ＩＤ」と呼ばれるものだ。その仕組みは、次のとおりだ。

第一に、自分のＩＤを自分でコントロールする。個人が情報を管理し、サービス提供者側に対して必要な情報のみを提供するのである。これを、「自己主権型アイデンティティ」(Self-Sovereign Identity：ＳＳＩ）という。

学生証を例にとって説明すると、次のとおりだ。ＡＢＣ大学という名の大学があるとし、スマートフォン用の学生証を発行するとする。大学は、学生のメールアドレスにＱＲコードとして送る。

学生は、ＩＤとパスワードを入力してこれをダウンロードし、スマートフォンに保存する。

この学生証には、ABC大学の電子署名がついている。これは、紙の学生証に印鑑が押してあるようなものだ。

学生割引をしているオンラインの書店があるとし、学生がこれを利用するとしよう。書店は、学生に学生証の提示を求める。学生は、電子署名付きの学生証をインターネットで書店あてに送付する。

このシステムでは、個人情報は学生が管理し、必要に応じて書店に見せている。しかも、どんな相手に対しても、同じ学生証を提示すればよい。これによって、相手ごとに別々のID／パスワードを設定しなければならないという、現在の方式の煩雑さからも解放される。

分散型の公開鍵基盤とは

ところで、書店は、送られてきた学生証が本物か否かを確かめる必要がある。電子署名はABC大学の秘密鍵で暗号化されているので、解読するためには、ABC大学の公開鍵が必要とされる。

従来の仕組みだと、書店は、認証局に登録してあるABC大学の公開鍵を用いて解読する。解読できれば、その学生証はＡＢＣ大学が発行した本物の学生証だと分かる。

ところで、このシステムでは、公開鍵がＡＢＣ大学のものであることを証明するために、認証局という中央集権的組織に頼っている。つまり、完全に分散化された仕組みではない。

以上のシステムは、認証局という中央集権的組織なしに運用することができる。

まず、ＡＢＣ大学の公開鍵は、ブロックチェーンに登録される。学生が提示した証明書を検証するには、ブロックチェーンに登録された公開鍵を検索・取得して検証する。これを、「分散型の公開鍵基盤」（ＤＰＫＩ：Decentralized Public Key Infrastructure）という。

ブロックチェーンに書かれた情報は書き換えられることがないので、誰でも、ブロックチェーンから、正しい公開鍵をいつでも入手することができる。公開鍵は、ブロックチェーンに書いて公開しても、何の問題もない。Microsoftは、そのようなブロックチェーンとして、ＩＯＮ（Identity Overlay Network）を開発している。

分散型ＩＤは、「自己主権型アイデンティティ」（ＳＳＩ）と、「分散型の公開鍵基盤」（ＤＰＫＩ）の二つの要素から成り立っている。これらは区別されずに分散型ＩＤとして論じられることが多いのだが、区別するほうが理解しやすい。

ＳＳＩは、「自身の意志により情報開示を自由に制御できること」を強調している。それに対して、ＤＰＫＩは「非中央集権管理」であることを強調している。

銀行口座の管理に利用する

分散型ＩＤの仕組みは、銀行へのログインにも使える。

その仕組みは次のとおりだ。地方公共団体などの公的機関が、本人確認を行なう。ここでは、本人の居住するＤ市がデジタル証明書を発行するとする。

利用者が銀行を利用しようとする際、銀行は本人である証明を求める。利用者は、スマートフォンにある証明書を送る。

銀行は、これが正しいものであることを確認する必要がある。そのため、銀行は、ブロックチェーンからＤ市の公開鍵を取得する。それによって証明書が読めれば、確かにＤ市が発行したものだ。

第5章

オープンバンキングで進むデータ利用

1　銀行に眠っていたデータをAPIで掘り起こす

銀行には大量の預金データがある

現金（紙幣）で支払いがなされると、記録が残らない。しかし、振込や口座引き落としなどが銀行を通じて行なわれれば、データが銀行に残る。銀行には、もともと大量のデータがあったのだ。そして、これはデジタル化されている。

しかし、銀行は、このデータをこれまで活用してこなかった。これは、日本だけのことではない。どの国でも似たような状況だった。正確に言うと、ATMの手数料収入は考えたが、データを活用するという視点はなかった。最も有用なデータを最も不適切に扱ってきたのだ。まさに宝のもちぐされだ。

こうなった理由として、銀行が規制産業であり、認められていた業務が限定的だったため、データを活用したサービスを提供しにくかったことが挙げられる。

しかし、ビッグデータの重要性が認識され、Alipayの信用スコアリングなどの成功例が明らかになるにつれて、銀行が持つデータの重要性が認識されるようになった。

これまでは、「スクレイピング」でデータ収集

２０１３年頃から、日本でも、クラウド会計ソフトや家計簿アプリが登場した。これらは、銀行のシステムにアクセスして、銀行口座の入出金情報を取り出している。

ところで、これまで銀行システムへのアクセスには、ＩＤとパスワードが必要だった。これらのアプリでは、サービスを提供するＩＴ業者が、顧客からＩＤとパスワードの提供を受け、顧客に代わって銀行のシステムにアクセスし、必要な口座情報を取得していた。この手法は、「スクレイピング」と呼ばれる。

つまり、利用者に代わって、銀行のシステムにログインしてデータを取得していたのだ。

しかし、口座名義人ではない業者がアクセスするのは、望ましいことではない。また、セキュリティの面、処理スピードの面でも問題があった。

ＡＰＩ公開への動き

そこで、「オープンＡＰＩ」が登場した。ＡＰＩ（Application Programming Interface）とは、異なるデータシステムを連結する仕組みだ。つまり、「あるアプリケーションの機能や管理するデータなどを、他のアプリケーションから呼び出して利用するための接続仕様」のことである。データ利用者は、ＡＰＩ仕様に基づいてアクセスすれば、データを取り出すことができる。

「オープンＡＰＩ」（ＡＰＩを公開する）とは、外部アプリとの間で、コミュニケーションや連携ができる状態にすることだ。システムへの接続仕様を公開し、契約を結んだうえでアクセスを認める。それによって、安全で正確なデータ連携が可能になる。こうして、ある企業のデータを他の企業が利用できるようになる。

ＡＰＩは、２０００年代から、セールスフォース・ドットコムやイーベイなどを中心に利用が広がった。Uberは、配車のための地図情報や、コミュニケーション機能、決済機能に複数のＡＰＩを利用し、自らは乗客と車のマッチング機能の開発に専念している。最近では、多くのサービスにWeb APIと呼ばれる仕組みが組み込まれている。

オープンバンキングへの動き

しかし、金融機関はこの動きにあまり積極的ではなかった。セキュリティを懸念したからだ。

ところが、数年前から、これを積極的に進めようとする動きが広がってきた。これが、「オープンバンキング」と呼ばれる動きだ。

イギリスでは、２０１４年から政府が主導してオープンバンキングが推進されている。２０１８年には、大手銀行９行に、「オープンＡＰＩ」が義務付けられた。

ＥＵでは、２０１８年１月から、顧客の同意の下に、金融機関等が保有する個人の口座情報や取引情報のデータに外部の事業者がアクセスできるようになった。さらに、ＡＰＩ接続を銀行に義務付けた。

日本でも銀行ＡＰＩ公開へ

日本でも、銀行法の改正によって、金融機関が第三者に顧客情報を提供する条件が緩和された。

オープンAPIによるデータ連携では、2018年6月の改正銀行法の施行後、銀行にAPI接続の努力義務を課した。そして、APIを使ったサービス連携の契約をする猶予期間を2年間設けた。

この猶予期間の間に契約締結作業が進むことが期待されていたのだが、当初予定していた2020年5月末の猶予期間終了を目前にしても、想定していたほどには契約締結が進まなかった。

最大の原因は、銀行ネットワークへの接続時にIT企業が銀行に支払う手数料だ。銀行側からみれば、長年にわたって莫大なシステム投資を実施してきたコストを回収したい。また、API接続への対応に伴う設備投資も発生している。

一方、IT企業からすれば、これまで無料だった接続料が有料になると、これを顧客から徴収する料金にどこまで転嫁できるか、難しい。こうなってしまうのは、家計簿アプリなどでは、高額な利用料金を請求できるほどの高い付加価値はないからだ。

そこで、金融庁が金融機関とIT企業の間に入って契約締結を促進したり、公正取引委員会が文書を発表したりして、契約を促した。

2　オープンバンキング、チャレンジャーバンク、ネオバンク

オープンバンキングの二つの形態

公開された銀行ＡＰＩを用いて、新しいサービスを提供しようとするのが、「オープンバンキング」だ。オープンバンキングは、次の二つの形態に区別できる。

第一の形態は、チャレンジャーバンクだ。銀行業務ライセンスを持つ企業が、当座預金、普通預金、住宅ローンなどのサービスを、スマートフォン上のアプリで提供する。第二の形態は、ネオバンクだ。銀行業務ライセンスを持たない企業が、銀行と提携して、チャレンジャーバンクと同じ金融サービスを提供する。

アメリカやヨーロッパでは、こうした形の新しい銀行が、続々と登場している。様々な新しい試みが行なわれているので、概念を整理するのが難しい。図表5-1は、私見も加えての分類だ。

図表5－1　オープンバンキング、BaaS

形態	銀行業務ライセンス	外国の例	日本の例
チャレンジャーバンク	あり	中国の MyBank、WeBank	auじぶん銀行、みんなの銀行
ネオバンク	なし	アメリカのChime	NEOBANK
BaaS(組み込み型金融)	あり	Goldman Sachs の Marcus	

チャレンジャーバンク

チャレンジャーバンクとは、デジタル技術を駆使して既存の銀行に挑戦する新興銀行だ。チャレンジャーバンクは既存銀行のように店舗は持たず、インターネットを通じたサービス提供、とくにスマートフォンアプリを用いたサービス提供にフォーカスしている。

ユーザーはスマートフォン一つで口座開設、決済、国内外送金、投資、融資などを行なうことができる。手間や手数料も、既存の銀行より少ない。

イギリスでは、政府が規制緩和を進めたため、チャレンジャーバンクが次々と認可された。同国は、オープンバンキングの先進国だ。

Monzo（2015年設立）、Starling（2014年設立）、Revolut（2015年設立）などが有名だ。

これらはどれも企業評価額が10億ドル（約１１００億円）を超えるユニコーン企業だ。そして、設立されてから5年そこその新興企業だ。

欧州のほかの国では、もともと特定分野にフォーカスしてビジネスを伸ばしてきたネオバンクが、さらに成長を図るため銀行ライセンスを取得して、チャレンジャーバンクになるケースが多い。

中国にも強力なチャレンジャーバンクがある。AlibabaグループのMyBankとTencentホールディングスのWeBankがそれだ。

ベトナムにはTimoがあるし、韓国にはK BankやKakao Bankがある。

日本では、ａｕフィナンシャルホールディングスと三菱ＵＦＪ銀行が共同出資する「ａｕじぶん銀行」や、ふくおかフィナンシャルグループが子会社として設立した「みんなの銀行」などがある。

ネオバンク

ネオバンクは、チャレンジャーバンクのように銀行ライセンスは保有せず、既存銀行のシステムとオープンＡＰＩを介して連携することによってサービスを提供する。最終的に利用者に対して提供するサービスの形態はチャレンジャーバンクとほぼ同じであり、利用者から見ると、両者の差異はあまりない。

アメリカにおいては、チャレンジャーバンクの業態はあまり見られず、ネオバンクのビジネスが成長している。サンフランシスコを本拠地とするデジタル銀行Chime（チャイム）が急成長を遂げている（推定時価総額：約58億ドル）。ほかにも、Varo、Current、GoBankなどがある。Chimeは、「給料の2日前入金」を実施している。

日本では、住信SBIネット銀行から生まれたNEOBANK（ネオバンク）がある。

銀行サービスを提供するのに、支店網はいらなくなった

ところで、当座預金、普通預金、住宅ローンなどのサービスは、格別新しいものではない。銀行がずっと昔から提供していたサービスだ。変化したのは、これらのサービスを、支店網を通じて提供するのではなく、スマートフォンのアプリで提供できるようになったことだ。言い換えれば、銀行のサービスを提供するのに、支店網は、もはや不要になったということだ。支店という施設も、そこで働いている人たちも、いらなくなった。

金融サービスは基本的に情報を扱っているのだから、情報技術の発達によって、その提供

形態が変化するのは、当然のことだ。

これまで、出版、新聞、広告など情報を扱う産業は、インターネットの普及によって甚大な影響を受けてきた。しかし、金融業は変わらなかった。それは、金融業が規制産業で、新規参入が制限されていたからだ。そのため競争原理が働かず、古いビジネスモデルがいまにいたるまで温存されてきたのだ。それが、いまやっと変わろうとしている。なお、以上で述べた新しい形態の銀行は、「デジタルバンク」と呼ばれることもある。

ところで、オープンバンキングは、銀行の持っている情報の活用だ。これは、銀行の救世主となるだろうか？

もちろん銀行は、データを提供することによって利用料を得ることができる。しかし、その半面で、これまで支店で行なっていた業務が侵食される。

オープンバンキングを通じて提供されるサービスが、従来と同じ預金や融資だけであれば、現在の巨大な組織を支えることはできないだろう。したがって、これまでは提供されていなかった新しいサービスを創出することが必要だ。

3　緊急融資審査に4か月かかる日本と、60秒で済むイギリス

マネーのデータで信用スコアリングを行なう

銀行APIで得られるデータの活用の一形態は、それをビッグデータとして利用することだ。とくに重要なのは、信用スコアリングを通じて融資を行なうことだ。

中小企業にとっても個人にとっても、融資を迅速に受けられることは非常に重要だ。中小企業が倒産する原因は、利益が過小であることよりも、キャッシュフローの問題であると推定されている。

オープンバンキングを通じたデータを活用することによって、貸し手が与信決定プロセスを合理化し、与信可能性を評価できるようになる。これにより、これまで主流の金融サービスから排除されていた個人や中小企業が、必要な時に手頃な条件で融資を受けられるようになる。

第3章の3で述べたように、これは「金融包摂」と呼ばれる現象だ。オープンバンキングは、金融包摂を実現するための重要なツールである。

日本では、緊急融資なのに審査に4か月かかる

２０２０年春、新型コロナの影響で経済活動が急激に落ち込み、企業の手許現金が枯渇した。これに対処して、日本でも、政府金融機関などによる緊急融資が行なわれた。日本政策金融公庫では、「新型コロナウイルス感染症特別貸付」を行なった。

ところが、窓口には融資申請が殺到。このため、審査に長時間かかる事態になってしまった。4月には、審査の受付に2か月も待たなければならないという状態だった。5月頃には、申し込んでから融資を受けられるまで、2か月半程度。長いと4か月近くかかったと言われる。

他の緊急融資プログラムも、似たような状況だった。例えば、市区町村の社会福祉協議会が窓口となって「緊急小口資金」と「総合支援資金」の特例貸し付けが行なわれた。これらは、新型コロナウイルスの影響で収入が減った世帯を対象とした無利子貸し付け制度だが、申し込みが殺到したため審査が追いつかず、入金まで2か月もかかるケースもあった。

イギリスではわずか60秒！

いうまでもないが、緊急融資はスピードが命だ。資金繰りに苦しむ企業にとって、融資が遅れることは命取りになる。

しかし、貸し手から見れば、融資は回収しなくてはならない。だから、貸倒れにならないよう、審査が必要だ。これに時間と手間がかかることは避けられない。

日本では、審査に数週間から数か月を要するのは、ごく普通のことだ。コロナ禍で申請が殺到すれば、前述したような事態になっても不思議ではない。多くの日本人は、どの国でも事情は同じようなものだと思っているだろう。しかし、実はそうではなかったのだ。

フィンテック先進国のイギリスでは、iwocaという新興企業が、ロイズ銀行と連携して新システムを開発した。過去5年間の銀行取引データを分析して、信用スコアを算出する。これを用いると、銀行に融資を申請してから審査完了まで、たったの60秒しかかからない！

イギリス政府は、「コロナ事業中断貸付制度」（CBILS）を行なっている。これは、コロナの影響で収益を失い、キャッシュが不足している中小企業を支援するものだ。iwocaは、前記のシステムを用いて、この申し込みをオンラインでできるサービスを開始した。これ以外に、審査が24時間以内に完了し、最大20万ポンドの借入れが可能な融資などを提供している。こうしたサービスは、コロナ禍の緊急融資に多大の貢献をしたと評価された。

iwocaは、オープンバンキングの典型例だ。顧客の同意の下で、顧客データを提携企業が銀行と共有する。

eBay、Amazon、PayPal、そして銀行口座などから取得したデータをビッグデータとして、ＡＩが企業を自動的に評価するモデルを開発した。この自動貸付システムを用いて、大銀行からの融資を受けにくいイギリスとドイツの中小企業にローンを提供してきた。

iwocaは、２０１１年に設立された企業。その理念は、「ビジネスローンを、フライトのオンライン予約と同じ手軽さで」。

４か月と60秒の差は、大きすぎる

イギリスには、iwocaのほかにも、同様のサービスがいくつも登場している。融資プラットフォームのTrade LedgerやNorthRow、信用スコアリングのWiserfunding、貿易信用保険のNimblaなどだ。こうした企業による融資チャンネルの拡大によって、ヨーロッパの中小企業の資金調達環境は、大きく改善しつつあると言われる。

これらの事業は、自動車を製造したり、建物を建設することとは違う。情報処理だから、システムができていてデータがあれば、融資の審査が60秒でできても不思議はない。

世界はすでにこのような時代に入っているのだ。その中で日本は、数十年も前の事務処理システムをひきずって、紙と電話とファックスの体制から抜け出せない。融資審査に4か月かかる日本と、60秒で済むイギリスの差は、大きすぎるほど大きい。こうした状態を、一体どうしたらよいのだろうか?

コロナ対策で日本政府が強調するのは、その金額だ。GDPに対する比率で見て、コロナ対策費が世界でトップクラスだと言われた。もちろん、金額は重要だ。しかし、コロナ対策の場合には、「スピード」も重要な条件なのである。

特別定額給付金の申請処理にマイナンバーカードが機能せず、大幅に時間がかかってしまったことは、広く報道された。迅速に対応できなかったのは、これだけではなかった。スピードが命の「緊急」融資も、同様(あるいは、もっとひどい状況)だったのである。

日本では昔から、「六日の菖蒲《あやめ》、十日の菊」と言われる。1日でも遅れては意味がないということは、誰でもよく知っているはずだ。それにもかかわらずこのようなことになってしまうのは、どうしてだろう? 我々は現在の事態を真剣に考える必要がある。

４　経理自動化とデータドリブン経営

記帳の自動化が可能になった

オープンバンキングが実現するサービスの第二は、自動記帳だ。

零細企業や個人企業では、銀行のＡＴＭで預金通帳に記帳し、そのデータを見ながら手作業で経理作業をしている場合が多い。しかし、金融機関とＡＰＩで連携している会計ソフトを用いれば、こうした作業を、自動化できる。複数の銀行口座を持っている場合にも、口座情報を一元的に管理できる。ＡＩで自動的に仕分けをする機能もある。

とくに重要なのが、入金や支払いの「消込《けしこみ》」の自動化だ。「消込」とは、実際の入出金情報と照らし合わせて、売掛金などの債権、買掛金などの債務の残高を消していくことを指す。入金と照らし合わせながら債権を消す作業を「入金消込」、支払いと照らし合わせながら債務を消す作業を「支払い消込」という。

インターネットバンキングを利用していれば、口座情報をダウンロードすることによって入出金内容を確認できる。しかし、入金消込のためには、入金情報と債権情報を目視で見比べて、金額と振込名義が一致した時に、それらを手作業で処理することが必要になる。これは面倒な作業だ。

これらの作業が正確に行なわれていないと、得意先からの入金が完了しているにもかかわらず催促の連絡をしてしまったり、未払いが継続して回収不能となったりする。このような作業も、銀行ＡＰＩの利用で自動化できる。

経費精算も自動化される

多くの企業では、経費の精算処理のために、領収書を添付して月末までに経理へ提出する。支払ってすぐに経費精算の処理ができればよいのだが、後回しになりがちだ。その結果、月末に大量の領収書が溜まってしまう。経理部門では、月末に大量の作業が集中する。このため、間違いが起こりやすい。

銀行ＡＰＩの利用で、これを自動化することができる。ある企業では、全役員が交通費や交際費、備品購入などの決済にVisaカードを活用していた。これまではカードの利用者もしくはアシスタントが月末にまとめて処理していた。

これを自動化するために、最初は、カードで決済した時にその都度送付される利用明細メールを活用する方法を検討した。しかし、メール文面から必要な情報を抽出するのが簡単ではなかった。

そこで、メールではなく、ＡＰＩ接続サービスを活用することとした。取り込まれるカードの決済日や決済金額などの取引の詳細情報を基に、経費精算の承認システムに自動で起票することが可能になったという。

人材派遣会社の給与支払いが簡単に

ある人材派遣会社では、毎月数千人の派遣スタッフが稼働している。週払いや日払いにも対応しているため、毎月1万回を超える給与振込が発生する。これまでは、派遣スタッフがタイムシートをＦＡＸで会社に送り、それを受け取った支払い担当者がインターネットバンキングにログインし、該当する個人の振込先口座を指定して、支払金額を手作業で入力していた。これには、大変な労力がかかっていた。

これを、銀行システムと連携させることによって、申請の受理から振込までの作業を、完全に自動化した。派遣スタッフが自分のＰＣやスマートフォンから振込申請を行なうと、入力したとおりの金額が自動で振り込みされる。

また、営業日に関係なく給与を受け取れるようになった。急に現金が必要になった時、深夜でもスマートフォンから支払い手続きをすれば、翌日に引き出すことができる。もし、途中に一つでも人の手を介する作業があれば、会社の営業時間外には対応することができない。振込作業を１００％自動化したために、こうしたことが可能になった。

確かに、以上のような自動化は、重要なことだ。だが、銀行ＡＰＩの利用は、これらに留まらない。もう一つの重要な利用は、データドリブン経営を可能とすることだ。

データドリブン：データを経営哲学より上位に置く

記帳は、税務申告等のためにやむを得ず行なうと考えられていることが多い。記帳が「必要」なことは事実だが、それだけではない。帳簿の情報は、その企業についての貴重な情報を与えるのだ。その情報を企業経営にフィードバックするという観点が重要だ。

これまでは、帳簿ができるのに時間がかかってしまうので、この目的に利用しにくかった。記帳作業を自動化してリアルタイムで企業の状況が分かるようになれば、それを経営判断に用いることができるようになる。これは、「データドリブン経営」と呼ばれるものだ。

企業経営にデータが必要なことはいうまでもないが、「データドリブン経営」はもっと積極的な内容を含んでいる。

つまり、得られたデータのいかんによっては、経営の基本方針まで変えることを意味するのだ。これは、企業経営に関するこれまでの通念に大きな変更を迫るものだ。

日本の企業では、これまで「経営者の経営哲学が重要」としばしば言われた。とくに、オーナー企業（創業者やその一族が経営している企業）の場合はその傾向が強い。

経営哲学がうまく機能すればよい。しかし、一度は成功しても、その後に時代が変わり、それまでの哲学が通用しなくなることがしばしば生じる。そうした場合、経営哲学は、企業の経営を誤らせる根本原因になる。データドリブン経営では、データを哲学より上位に置くことによって、こうした事態を避けることができる。

企業の状況についてリアルタイムの情報を得る

ところで、データドリブン経営を行なうためには、企業の状況についてのデータが必要だ。ところが実際には、データが得られるまでにかなり長い時間がかかる場合が多い。大企業であっても、経費についての詳しい情報が集まるまでには、一月程度かかるだろう。

ましてや、中小零細企業の場合には、年に一度の決算の後でないと企業の状況が定量的なデータでは分からないといったことがあり得る。

ところが、銀行APIによって銀行の取引データが分かれば、企業の状況はかなり正確に分かる。こうして得られるデータをあらかじめ用意されたプログラムで処理すれば、企業の状況をリアルタイムで把握することが可能になるだろう。

ルーチン的な決定であれば、このようなデータを反映して自動的に経営方針を変えることもできる。そのような企業は、DAO（分散自律型組織）と呼ばれるものだ。それに向かっての道が開けるかもしれない（DAOについては、第6章の4を参照）。

重要な点は、大企業だけがこうしたことをできるのではなく、中小零細企業でも個人企業でも、安いコストで可能になることだ。これは、経済活動の効率性と生産性の引き上げに、大きく寄与するだろう。

オープンバンキングで可能になることの事例としてあげられていることを見ると、「新婚夫婦が生活をするための保険や住宅ローンについてのアドバイスを与える」というようなことが書いてある。しかし、このようなことは一生に一度しかない。それに、このサービスに対して高額の対価を継続的に払うとは思えない。だから、オープンバンキングにおける主要なサービスになるとは思えない。オープンバンキングが提供するサービスで重要なものは、企業の経営に関するものだろう。とくに中小企業を相手にするものだ。

現在は、経済全体の状況についても、多くの統計が示されるのは数か月遅れだ。つまり、我々は、現在の状況がどうなっているかを必ずしも正確に把握していない。コロナ禍のように状況が短期間のうちに大きく変わる場合には、これによって生じるタイムラグが大きな問題になる。

現在、「オルタナティブデータ」によってリアルタイムの状況を知る努力がなされているが、マネーのデータは、リアルタイム情報としては最も強力なものであり、経済の現状把握のために大きな役割を果たすだろう。

日本におけるオープンバンキングへの模索

以上は、いずれも銀行が持っているデータの活用だ。これまで、銀行はそうしたデータをただ維持するだけで、それが収益を生むことはなかった。

前記のようなサービスが手頃な価格で提供できるようになれば、銀行にとっても、システム開発企業にとっても、そして利用者にとっても、望ましい状況がもたらされるだろう。「オープンバンキング」の可能性は大きい。日本でも、すでにメガバンクや一部の金融機関が取り組んでいる。また、地方銀行も取り組み始めている。

日本銀行が開催したワークショップでは、様々な興味深い実験事例が紹介されている（「ITを活用した金融の高度化に関するワークショップ（第3期）」第6回「オープンAPI」2018年6月13日）。

例えば、スポーツ試合中の購買におけるキャッシュレスの実証実験で、銀行APIと連携することによって、いままでリアルタイムで把握できなかった観客の行動履歴、購買情報、商品売れ筋などの詳細なデータが本人許諾のもとで取得できるようになったという。

また、オンラインのデータを用いて、中小事業者向けの融資ビジネスを行なう試みもある。API経由で提供される入出金のデータを用いて判断できるアルゴリズムを開発し、融資をするものだ。これは、API開放がなければできなかったサービスだ。

こうした努力を通じて、従来の考え方では想像できないようなイノベーションにつながっていくことが期待される。オープンバンキングは、日本の銀行が閉塞状態から抜け出すきっかけとなる可能性を秘めている。この問題については、第7章で再び論じることとする。

5　BaaSの取り組みが進む

AIを用いた新しい金融サービスの提供

以上のような新しい動きを既存金融機関の側から見た場合に、BaaS（Banking as a Service）という表現が用いられる。これは、既存の金融機関による新しい金融サービスの提供だ。

BaaSはオープンバンキングの重要な構成要素になっている。チャレンジャーバンクのような新興銀行ではなく、BaaSは既存の大銀行が提供するサービスというイメージだ。

銀行ＡＰＩは、BaaSの基幹的技術だ。企業は、ＡＰＩを利用して銀行のシステムに接続し、決済や送金、融資などの金融サービスを、自社のサービスに組み込んで提供する。

これに積極的に取り組んでいるのが、アメリカ最強の投資銀行Goldman Sachsだ。２０１９年にAppleによるクレジットカードApple Cardが発行された。ところが、Apple自身はカードの発行や決済に関する許認可やライセンスを取得していない。これはGoldman SachsのMarcusというブランドのBaaSを用いて実現されている。カードとそれに伴う口座業務のすべてはGoldman Sachsが担当し、必要なデータはＡＰＩ経由でリアルタイムに連携する。

つまり、Goldman Sachsという銀行がユーザーにサービスを直接提供するのではなく、ユーザーがいつも利用しているAppleサービスの中に、金融サービスを組み込んだのだ。このような形で、金融サービスを間接的に提供している。

Goldman Sachsは投資銀行なので、一般消費者との接点を持っていない。それに対して、Appleはアメリカのスマートフォン利用者の大部分に通知を送ることができる。このチャネルを通じてGoldman Sachsは新たな顧客を得られる。他方でAppleは、銀行免許を取得することなく自社サービスに金融機能を組み込むことができる。Apple Cardは大成功を収め、アメリカのクレジットカード史上で最速の拡大を記録したと言われる。

Apple PayやUberなどの試み

実は、大手ＩＴ企業と銀行の提携は、これ以外にも多数ある。

Appleは、Apple Cardに先立つ２０１４年に、Green Dot Bankと提携してApple Payを開

始した。Green Dot Bankは、カリフォルニア州パサデナ市に拠点をおく地方銀行。BaaSをアメリカで最も古くから採用している銀行の一つだ。

Apple Payとは、簡単に言えば様々なクレジットカードを使える仕組みだ。日本では、Suicaも使える。利用者としては、クレジットカードやSuicaを持ち歩く必要がないので、便利だ。

Facebookも、２０１９年11月に、クレジットカード情報が登録された単一のシステムを通じてユーザーがFacebookのすべてのアプリで決済できるようにするFacebook Payの開始を発表した（これはDiemとは別のプロジェクトだ）。

Amazonは、２０２０年６月に、Goldman Sachsとの提携により、Amazonに出店するアメリカの販売事業者に融資枠（クレジット・ライン）を設定する新たなプログラムを開始した。

ライドシェアサービスのUberは、ドライバーが報酬を受け取る電子マネー口座や、消費者向けの電子マネー（Uber Cash）、さらにクレジットカードなどの金融サービスも提供している。クレジットカードはイギリスBarclaysのアメリカ法人が担当、Uber Walletのデビットカードと電子マネーは、Green Dot Bankがサービス基盤を提供している。

なお、ＩＴ企業ではないが、世界最大の小売業であるWalmartも金融に進出し、デビットカードを発行している。Walmartのオンラインストアや店舗での支払いで1〜3％のキャッシュバックを提供する。過去1年間の平均口座残高に対して、一般の銀行より高い利息を提供している。さらに、通常の2日前に給与を振り込む「給与の前貸し」機能もある。

BaaSのもう一つの例は、中小企業の経営支援アプリだ。２０１９年に設立されたポストンのスタートアップ企業であるMonitは、ＡＩを使った中小企業向けのキャッシュフロー予測分析を、銀行に提供している。

ＡＰＩで得られたデータを用いて中小企業などに経営コンサルティングを行なうことは、日本でも地銀の新しいビジネスとして考えられるべきだろう。

日本でも始まるBaaS

かつて、事業者が金融に参入するのは大変だった。セブン＆アイ・ホールディングスは、金融サービスを提供するために、自らセブン銀行を設立せざるをえなかった。それには、時間と費用がかかった。これは、「垂直型」と呼ばれる方式だ。しかし、ＡＰＩ技術やフィンテックの発展によって、事業者と金融機関がつながる「水平型」が可能になったのだ。事業者はＡＰＩを通じてフィンテック企業が開発したシステムと接続し、自社開発するよりも迅速に低コストでサービスを導入できるようになった。

日本でもこうしたサービスが提供され始めている。住信ＳＢＩネット銀行は、２０２０年11月「NEOBANK」をブランド名として採用し、ロゴやブランドサイトを刷新した。２０２１年４月には日本航空のグループ会社と組み、ＪＡＬマイレージバンク会員専用のネット銀行口座「JAL NEOBANK」を提供。また、ヤマダ電機への銀行サービスの提供も開始している。

新生銀行とアプラスは、２０２０年3月に「BANKIT」の提供を開始した。「みんなの銀行」は、ふくおかフィナンシャルグループの子会社。国内初のデジタルバンクを目指す。２０２１年1月４日に銀行システムの稼働を開始し、５月下旬からサービスを開始。口座開設からＡＴＭ入出金、振込など、すべてのサービスがスマートフォン上で完結できる。

問題は、ＧＡＦＡのように、きわめて広い顧客基盤を持っている企業が日本にあるかどうかだ。そして、具体的にどのようなサービスを提供するかだ。

6　Google Plexの潜在的破壊力はあまりに大きい

Googleが新しい銀行サービスPlexを開始

しばらく前から、「シリコンバレーの大手ＩＴ企業が銀行業に進出する」と言われてきた。前節で述べたApple、Facebook、Amazonの動きがそれだ。

最近、そのような動きが活発化している。２０２０年11月、GoogleがPlexと呼ぶ新しい金融サービスを発表した。アメリカでは、２０２１年から正式導入される。

普通・当座預金の口座開設、Google Pay決済、個人間の送金、利用データ分析に基づくサービスなどが、一つのアプリで利用できる。家計管理のパーソナル・ファイナンシャル・マネジメント（ＰＦＭ）機能が付属しており、スマートフォンで撮影した領収書やGmailに送られたレシートを自動的に読み込み、カテゴリー別に家計簿にまとめてくれる。さらに、10万超の飲食店でアプリ経由の注文ができる。３万超のガソリンスタンドで給油が可能だ。毎月の口座手数料などはかからない。

日本では、スマートフォン決済のpringをGoogleが買収することが話題になった。いずれ日本でも同種のサービスを提供するのだろう。

組み込み型金融

以上のことを表面的に見ると、確かに、巨大ＩＴ企業が、銀行業務に参入している。では、これは、銀行業にとっての「黒船到来」なのだろうか?

必ずしもそうとは言えない。なぜなら、前節で見たように、これはＩＴ企業が独自で提供するサービスではなく、金融機関との共同作業だからだ。Google Plexの場合、シティグループなど11の銀行が提携している。そして、銀行業務を担当する。

前節で述べたように、この仕組みの核になっているのが、銀行ＡＰＩだ。これを通じてPlexは銀行口座にアクセスし、そのデータを利用する。これは、組み込み型金融（または「埋め込み型金融」、エンベデッドファイナンス：Embedded Finance）と呼ばれるものだ。

Googleと銀行は、互いに自分が強いサービスを提供している。銀行は銀行業の免許を持っている。そのため、Googleは、銀行の業務免許を持つことなく金融サービスを提供できる。

他方で、Googleは、非常に広い顧客との接点がある。全世界に数十億人という顧客を持っている。だから、金融機関から見れば、顧客を大幅に広げることができる。支店を通じてではなく、Googleを通じて銀行サービスを提供することになる。これは、銀行が銀行機能を外部の業者に提供するBaaSの一形態だ。

「銀行機能は必要だが、いまある銀行は必要なくなる」。これは、ビル・ゲイツが1994年に言ったとされる有名な言葉だ。BaaSでは、外から見る限り、銀行以外の主体によって銀行サービスが提供されている。ビル・ゲイツの予言が実現しつつあると言える。

以上を考えると、本節の最初で「大手IT企業が銀行業に参入」と言ったのは、正確ではないことが分かる。正確に言うと、「IT企業が、銀行のライセンスを持たないでも、持ったのと同じようなことができる」ということである。

したがって、Googleが日本でPlexを提供する場合には、銀行ライセンスを持った銀行と組む必要がある。どこを選ぶかが、今後の大きな課題となるだろう。

これまでのGoogle Payは、電子マネーを使いやすくする仕組み

Googleはこれまで、Google Payというサービスを提供していた。これは、独立した電子マ

ネーというよりは、複数の電子マネーを使いやすくするための仕組みである。日本でGoogle Payのアプリをダウンロードすると、楽天Edy、nanaco、WAON、Suicaなどが使える。

電子マネーは、その電子マネーの口座に入金した残高がないと使えない。しかしGoogle Payの仕組みを使えば、クレジットカードから簡単に入金できる。どのクレジットカードを使えるかは電子マネーによって違うが、楽天EdyやSuicaの場合、日本で発行されているほとんどのカードが使える。しかも、支払いには、スマートフォンをかざすだけでよい。共通のＱＲコードができたようなものだ。

Google Payは、ＵＰＩ（Unified Payments Interface）を用いるアプリである。ＵＰＩは、Googleが開発したものではなく、インド決済公社が開発した仕組みだ。２０１６年4月にサービスが始まった。Googleは、ＵＰＩの仕組みを用いたアプリを開発し、最初は「Tez」という名称で２０１７年8月にインドでリリースした。２０１８年から、それをGoogle Payという名称にしたのだ。

なお、FacebookもWhatsAppでＵＰＩに対応している。

ビッグデータの活用で、Plexの料金は、きわめて低くできるはず

Google Plexでは、銀行と提携して、銀行の預金や口座振込の機能をスマートフォン上の操作で利用することができる。したがって、提携銀行が十分多ければ、店舗での支払いや、個人間、企業間の決済、送金に用いることができるはずだ。その際、資金の受け取り側では、特別の機器は必要ないはずである。

手数料がどうなるかは現時点では分からないのだが、原理的には、他行向け振込でもゼロにすることが不可能ではないと思われる。決済データをビッグデータとして用いて信用スコアリングを行なうことが可能であり、その収入を充てることができるからだ。

Googleは Plexを発表した際の声明で「第三者へのデータ販売、ターゲティング広告のためにユーザーの取引履歴を共有したりすることはありません」と表明している。しかし、「ビッグデータとして利用しない」とは言っていない。

マネーのデータを用いると、信用スコアリングを行なうことができる。それを用いて融資事業を行なえば、膨大な収益を上げることができる。これは、中国の電子マネー、Alipayがすでに確立しているビジネスモデルだ。そこからの莫大な収入があるので、顧客に手数料を

求めなくても済む。仮にゼロにしなくても、従来の手数料よりは大幅に下げることが可能だろう。

個人情報保護との関係はどうか？　匿名あるいは仮名情報とすれば、ビッグデータとしての利用は可能と思われる。

Googleはデータに貪欲

これまでGoogleは、貪欲にデータを求めてきた。Google傘下のサイドウォーク・ラボが２０１７年に発表したトロントのウォーターフロント地区再開発プロジェクトを見ると、それがよく分かる。

あらゆるデータをサイドウォークが集め、そのデータを活用して、都市を運用することを計画した。個人情報は、もちろん厳格に保護される。公共の場で収集したデータは、匿名化して、個人を特定できないようにする。第三者へのデータの販売は絶対に行なわない。

もっとも、このプロジェクトは、２０２０年5月に断念を余儀なくされた。「カナダはGoogleの実験マウスではない」とか、「監視資本主義の植民地化実験だ」などと、データの利用について不安に思う人が、増えてきたからだ。

しかし、サードパーティークッキーの廃止など、これまでのビッグデータビジネスが行き詰まりをみせているいま、新しいビッグデータ源の開発はGoogleにとって喫緊の課題であるに違いない。そのGoogleが、金融サービスに参入しながらそのデータを活用しないことなど、考えられないことだ。

Google Plexがコンビニ銀行に与える衝撃

仮にGoogle Plexが手数料ゼロの（あるいは、非常に低い）銀行サービスを提供すると、既存の銀行には多大な影響を与えるはずだ。

とくに問題となるのは、ATMを使った振込だ。ATM口座振込の手数料がかなり高いなかで、料金がゼロあるいは非常に低い送金・決済が可能になる。しかも、スマートフォンの操作だけでできるので、銀行窓口やATMの所在地まで出向く必要もない。だから、ATMの利用者は激減するだろう。

既存の銀行にとっても大きな影響があるが、とくに問題となるのは、ATM収入を主たる収入源とするコンビニ銀行だ（コンビニ銀行については、第7章の3参照）。Google Plexのようなサービスが広く使われるようになると、コンビニ銀行が生き残るのは至難の業だろう。

このように、Google Plexの影響はあまりに大きい。バイデン米大統領は、2021年7月9日、大企業による寡占の弊害を正すための大統領令に署名した。その中には、「大手IT企業による消費者金融市場参入の影響の調査」も含まれている。アメリカでは今後、Plexのようなサービスは規制されるのかもしれない。しかし、それは他方において、消費者が利用料の安い金融サービスを利用できなくなることを意味する。

第6章

分散型金融と分散自律型組織は、金融の世界を一変させるか？

1 「無人で金融サービスを提供する」とはいかなる意味か？

従来の仕組みには管理者がいる

DeFi（分散型金融）という仕組みが急成長し、注目を集めている。その詳しい説明は本章の3で行なうが、それに先立ち、DeFiの基本的な性格について説明しておこう。

しばしば、「DeFiは無人で運営される」と説明される。では、「無人」とはいかなる意味か？　これを理解するために、銀行の口座振込とビットコインを比較してみよう。

いま、Aさんが銀行の口座振込を利用してBさんに送金するとしよう。Aさんは、銀行の窓口あるいはATMで、これを銀行に依頼する。この依頼を実行するのに、銀行は手作業で対処するわけではない。これは銀行のコンピュータで自動的に行なわれる。その意味では、「無人」と言える。

ただし、そのコンピュータシステムは、銀行が管理している。そして専門の担当者が運用・保守している。そして、Ａさんの依頼を正確にそのとおりに実行しているかどうかをチェックしている。これらが正しく行なわれているかどうかは、銀行という組織を信頼する他はない。これが中央集権型の仕組みだ。

ビットコインには管理者がいない

ビットコインでは、コンピュータのネットワークが形成される。これは、誰でも参加することができるものだ。

Ａさんが Ｂさんにビットコインを送るためには、Ａさんは、そのネットワークに向けて、「Ｂさんにビットコインを送る」という情報を、インターネットを通じて送る。

コンピュータのネットワークは、あらかじめ決められているルールにしたがって、この取引が正しいものかどうか（Ａさんに残高があるか？　二重支払いはないか？　など）をチェックする。

チェックができたら、それをブロックチェーンに記録する。この記録は、書き換えることができない。なぜ書き換えられないかが最も重要な点だ。これは、「プルーフオブワーク」と呼ばれる仕組みで行なわれる。これについては、拙著『ブロックチェーン革命』（２０１

7年、日本経済新聞出版社）を参照されたい。

この取引情報は公開される（ただし、AさんやBさんの名は、暗号で保護されているので、現実の誰に対応しているかは分からない）。これらのデータは書き換えることができないので、それが公開されれば、Bさんが正当な保有者になる。つまり、送金が完了するわけだ。

コンピュータによって取引が自動的に処理されるという意味では、銀行もビットコインも同じだ。ただし、ビットコインの仕組みは、銀行のような中央集権的組織が管理・運営しているわけではない。「DeFiが無人で運営される」というのも、これと同じことだ。

「管理者なしで運営できる」のは、革命的変化

第3章では、電子マネーと仮想通貨などの違いを、匿名性の観点から見た。それとは別のこととして、前項で述べた「運営に管理者が必要か」という違いがあるのだ。

これまで、送金などの業務は、銀行という信頼を確立した機関が管理することによって行なわれてきた。電子マネーは、この上に築かれた仕組みである。預金口座から電子マネーのウオレット（電子財布）にチャージ（入金）する。それをQRコードのやり取り等で受取者に支払う。口座振込と同じようなことを、もっと簡単にできるようにしたものだといっても

よい。

このように、電子マネーは銀行システムの上に築かれた仕組みなので、やはり管理者がいる。このため、これまで述べてきたように、マネーデータの利用が可能になる一方で、他方ではプライバシーの問題が生じるのだ。

それに対して、前項で述べたように、ビットコインは管理者なしで運営されている。コンピュータネットワークが取引の正しさをチェックする。そして、取引はブロックチェーンに記録されるため、書き換えることができない。こうした一連の手続きは、あらかじめ決められたルールにしたがって行なわれている。これは、マネーの取引を成立させるために金融機関という第三者を必要としない、革命的な技術だ。

これは、「事業の運営に人間の管理が必要かどうか」という根本的な問題である。ビットコインの登場は、マネーの世界における画期的な出来事だっただけでなく、あらゆる経済活動に関して革命的な変化だったのだ。

ビットコインの変質

ビットコインの創始者たちは、国家に管理されない通貨を夢見ていた。運用にあたって、銀行や中央銀行を必要としない通貨。しかも、どこかの管理者に利用者が身元情報を提供しなくても利用できる通貨。これが、開発者たちの夢だった。

ところが、ビットコインの利用者が増えてくると、第4章の2で述べた経緯で、実際の通貨との交換を行なう取引所が作られるようになった。ここがブロックチェーンとの取引を行なう。

取引所は、これまであった様々な組織と同じく、中央集権型の組織だ。その意味で、ビットコインの実際は、電子マネーと同じようなものになった。その後、仮想通貨に対する規制が強まり、取引所は本人確認を行なうよう要請されるようになった。そして、匿名性を失った。

ルーチン的でない決定が必要になった

ビットコインの仕組みに問題がなかったわけではない。ビットコインが現実に直面した大きな問題は、必要とされる決定のすべてがルーチン的なものではなかったことだ。

マネーの運営に要する仕事のほとんどはルーチン的なものであるとはいえ、そうでないものもある。とくに、制度の基本にかかわる変更がそうである。

ビットコインの場合に問題になったのは、取引データを記録するブロックのサイズが小さすぎて、取引の増大に対処するのが困難になってきたことだ。ビットコインの利用者が増えるにしたがって、それまでの仕様を変更し、処理能力を高める必要があった。これは、「スケーラビリティ」の問題と言われた。

どのような方法で処理能力を向上させるかについて、様々な立場の利害が対立し、「仕様変更が必要であるにもかかわらず、関係者間の合意が成立しない」という状況に陥った。

ビットコインには管理者がいないので、トップダウン的な方法によってこの問題を処理することができず、混乱が生じた。これが、２０１７年の夏頃に大問題になったことだ。

つまり、ビットコインの場合にも、すべてをあらかじめ決めたルールで処理するわけにはいかず、人間が決めなければならない事項があったのだ。

仮想通貨やデジタル通貨は、国境を越えられる

現在の国際送金は、著しく複雑で手間がかかり、送金コストも高いシステムで行なわれている。送り手から受け手の間に、直接取引する銀行以外に「コルレス銀行」というものが介在し、外貨への交換や流動性の確保などを行なっている。このため、事務処理に時間がかか

り、コストが高くなっている。また、為替レートが利用者に不利に設定されていることに伴うコストもある。

マネーが国境を越えるのは、意外に難しいのだ。マネーは、国際化が最も遅れた分野なのである。送金のコストが高いことは、国際的な分業を進める上で大きな障害になっている。

では、電子マネーを国際送金に使えないだろうか？　すでに述べたように、電子マネーは、基本的には銀行預金を前提にした仕組みである。したがって、例えばAlipayで支払いをするには、中国の銀行に預金口座がなくてはならない。Alipayが日本でほとんど普及していないのは、そのためだ。

このように、電子マネーは国境を越えることができない。だから、電子マネーが広く使われるようになっても、国際的なマネーの仕組みには、ほとんど影響を与えていない。

ところが、仮想通貨は、管理主体がいない。だから、国境がない。そして、経済的な価値をインターネットを通じて送ることができる。仮想通貨は、銀行システムとは全く無関係に発行される。そして、受け取り者はそれをさらに支払いに使うことができる。つまり、転々流通する。

このように、仮想通貨には国籍がない。というより、もともと国という概念がない。相手が受け入れればどこでも使える。このため、仮想通貨は、従来のマネー（中央銀行券や銀行預金）を代替し、理想的な世界通貨になる可能性があると考えられた。

しかし、価格変動が大きいため、残念なことに、この役目を果たせなかった。資産としては使われているが、支払手段として広く使われることはなかった。

ところが、この状況が、ここにきて大きく変化し始めた。それが、DiemやＣＢＤＣの可能性である。もう一つが、本章の３で述べる分散型金融だ。

2　二種類のブロックチェーン

ブロックチェーンが経営者や管理者を代替する

ブロックチェーンは、人間の仕事を代替しているという点でＡＩ（人工知能）と似ているが、別の技術だ。

ＡＩが自動化するのは、主として人間の労働だ。例えば、工場のオートメーションなどである。これまで労働者が機械を操作していたものを、ロボットが代替する。あるいは、いままでは人間が自動車を運転していたが、それが自動運転車になる。これがＡＩによる自動化だ。

ブロックチェーンが実現するのも、ある意味では自動化だ。しかし、それは人間の労働を代替するのではない。ブロックチェーンが代替するのは、経営者や管理者だ。

これをもっと進めて、企業の経営を、人間の管理者なしにブロックチェーンを用いて自動的に行なおうという構想がある。これが、ＤＡＯ（Decentralized Autonomous Organizarion：分散自律型組織）とか、ＤＡＣ（Decentralized Autonomous Company：分散自律型企業）と呼ばれる組織だ。

例えば、ウエブ上のショップは、すべてブロックチェーンによって運営される無人企業になることもありうるだろう。ただし、こうしたことは、現在ではまだ空想の域を出ていない。

ところが、金融業においては、そうした変化が、いま起こりつつある。これが、次節で述べるDeFiだ。ビットコインは、最初に登場したＤＡＯだということになる。なお、ＤＡＯに関する詳しい説明は、本章の４で行なう。

DiemやCBDCは、プライベート・ブロックチェーンを用いる

DiemやＣＢＤＣなどのデジタル通貨は、ビットコインの技術を発展させたものだ。ただし、これらは、ビットコインのような仮想通貨と比べて、次の点で異なる。

第一は、第3章の４で述べたように、現実の通貨に対する価値が固定されていることだ。ＣＢＤＣ以外でこうした性質を持つものを、「ステーブルコイン」と呼ぶ。

ビットコインなどの仮想通貨は、価格の変動が激しいことから、投機の対象にはなったが、日常的な支払い手段には使いにくかった。ＣＢＤＣやステーブルコインによって、仮想通貨が送金の手段に使えるようになる。

第二の違いは、ブロックチェーンの仕組みだ。ビットコイン型の仮想通貨で用いられるブロックチェーンは、「パブリック・ブロックチェーン」と呼ばれ、誰でも運営作業に参加することができる。その代わり、プルーフオブワークという作業を課して、記録の書き換えができないようにしている。

それに対して、DiemやＣＢＤＣの場合には、「プライベート・ブロックチェーン」と呼ばれるブロックチェーンが使われる。そこに参加するコンピュータは、運営主体（Diem協会や、中央銀行）が指定するものに限られる。つまり信頼のおけるコンピュータと考えられるものだけが参加する。そのために同意形成のメカニズムが簡素化されている。またプルーフオブワークの作業は課さない。

これは、従来の中央集権的なマネーの延長上にあり、その意味で電子マネーに性格が近いということができる。ただし、プライベート・ブロックチェーンの場合でも、その運営者は、通常の意味での管理者とは性格が異なる。

プライバシーが確保されないこともある

仮想通貨の取引は、暗号で保護される。すなわち、アドレスという一種の暗号を用いて取引する。どのアドレスがどのような取引を行なっているかは公表されているが、そのアドレスの保持者が現実の誰に対応するかは分からない。

パブリック・ブロックチェーン型の仮想通貨の場合には、全体の管理者がいないので、取引のプライバシーは完全に守られることになる。では、プライベート・ブロックチェーンの場合はどうか？

この場合においても、取引はアドレスで行なわれる。しかし、システム全体の管理者がいるので、アドレスを付与する際に本人確認が行なわれることがある。その場合には、システム管理者だけは、現実世界の誰がどのような取引を行なっているかを完全に把握することができる。こうして、きわめて詳細な取引情報が管理者の手に集中することになるわけだ。つまり、このシステムにおいては、取引のプライバシーは確保されない。

3　DeFi（分散型金融）は、バブルか、未来の金融か？

DeFiは、無人の金融取引

「DeFi」（Decentralized Finance：分散型金融：ディーファイ）と呼ばれる新しい金融の仕組みが急成長している。これは、パブリック・ブロックチェーンを用いて、決済、融資、証券、保険、デリバティブ、予測市場などの金融取引を行なう仕組みだ。銀行のような中央集権的金融機関なしに金融サービスを提供する。

２０２０年は、DeFi元年だった。多くのDeFiサービスが開発され、成長した。２０２１年6月時点で提供されている分散型金融のサービスは、２４０種類を超えている。

２０２１年5月には、DeFiサービスの利用者は、前月比3割増の２７０万人となった。

DeFiに流入した資金の総額は、２０２０年初めには7億ドル弱だったが、２０２１年5月には約８６０億ドルになった。

ＤＥＸ：分散型取引所

DeFiには、いくつかのサービスがある。第一が、取引の仲介だ。仮想通貨を交換する取引所の機能を提供する。これは、ＤＥＸ（分散型取引所）と呼ばれる。

仮想通貨を売買する場合、現在では、仮想通貨交換業者が管理する取引所を使う。取引所は中央集権型の組織であり、手数料が高い。これを、ＤＥＸが解決したのだ。

ＤＥＸの代表が、Uniswapだ。ある仮想通貨を他の仮想通貨に交換したい場合、Uniswapに一定量の仮想通貨を拠出すると、アルゴリズムで計算された量の他の仮想通貨を得ることができる。

Uniswapの２０２１年５月の取引額は約９兆円だ。これは、日本の大手交換所であるビットフライヤーの約１兆８０００億円を大きく上回る。主要なＤＥＸとしては、Uniswapの他に、ＭＤＥＸ、PancakeSwapなどがある。

ＤＥＸは、以前から注目されていたが、流動性が低いという問題を抱えていた。これに対処するため、Poolという仕組みが採用された。利用者は流動性プールに対して仮想通貨のペアを預け入れることによって、流動性を供給することができる。

その報酬として、Uniswapから「ＵＮＩトークン」という流動性トークンが与えられる。利用者は流動性トークンと引き換えに暗号資産ペアの返還をいつでも受けることができ、その際Uniswapから報酬を受け取る。つまり、プールしておくだけで収益を得ることができる。

この仕組みによってＤＥＸの資金量が増加し、流動性の問題や取り扱い銘柄が少ないという問題が解決された。

レンディングプラットフォーム

DeFiの第二の主要なサービスは、レンディングプラットフォームだ。これは、仮想通貨の融資を仲介するサービスだ。

主要なサービスとしてCompoundがある。ユーザーがウオレットを経由して、自分が保有している仮想通貨を預け入れたり、仮想通貨を借り入れたりすることができる。借りる場合には、借り入れ額の１５０％を担保にしなければならない。

利率は通貨ごとに異なる。また、需給バランスに応じて変動する。年利６％以上を提供している通貨もある。場合によっては年利が20％になる。このように、通常の金融商品に比べて収益性が高い。２０２１年5月時点でCompoundにロックされている資金は約81・5億ドルだ。

DeFiのレンディングプラットフォームには、この他に、Aave（アーベ）などがある。大手３サービスのローン残高は約１６０億ドル（約１兆８０００億円）であり、年初から４・５倍に増えた。ただし、これを日本の金融機関と比べると、三菱ＵＦＪ銀行の貸出金残高が約１０７兆円だから、問題にならないほど少ない。

貸し手は、仮想通貨をCompoundの流動性プールに担保として差し入れる（ロックする）。これと引き換えに「cToken」を受領する。これは、「債権トークン」とも呼ばれ、預かり証の役割を果たす。cTokenには、一定の利率が付与される。貸し手はcTokenを戻すことによって、利息を加えた額を回収できる。また、cTokenを取引所で売却することもできる。

cTokenの保有者は借り手になることもできる。この場合には、cTokenを担保として差し出し、暗号資産を借り入れる。借り手は、いつでも借入額に利息を加えた金額を流動性プールに戻すことによって返済できる。

このように、貸し手と借り手を直接マッチングさせるのではなく、プールに資金をため込む方式をとっている。この資金は、Compoundが預かるのではなく、ブロックチェーン上にロックされ、ブロックチェーン上のプログラムで管理される。利息や手数料は、流動性プールでの仮想通貨の需給をもとに、リアルタイムで自動計算される。

ガバナンストークン

「ガバナンストークン」とは、新しい機能の開発やプロジェクトの運用に関しての方針を投票で決定する際に用いられるトークンである。つまり、「投票権」だ。

２０２０年、Compoundが、預け入れた人に向けて、ＣＯＭＰトークンという名称のガバナンストークンを配布し始めた。利用者は資金をプールすることによって、取引手数料をガバナンストークンで受け取ることができる。

ガバナンストークンが上場されると、投機マネーを集めて価格が暴騰し、利息収入と合わせると年利数百％以上になる超高利回り投資になった。

ガバナンストークンは、その後、DeFiのいくつかのサービスで提供されている。

DeFiの可能性

金融安定理事会（Financial Stability Board、ＦＳＢ：主要25カ国の中央銀行、金融監督当局、財務省、ＩＭＦ、世界銀行、ＢＩＳ、ＯＥＣＤ等の代表が参加する国際的な機関）は、２０１９

年に分散化金融技術に関する報告書を公表した。その中で、分散型金融は「金融システムに競争の拡大と多様性をもたらす可能性がある」とした。また、「分散型金融の運営が既存の金融インフラに比べて効率的となる可能性がある」と指摘した。新規サービスと技術革新を生み出す可能性を有していることも指摘されている。

なお、日本銀行の決済機構局が、「暗号資産における分散型金融」と題した日銀レビューレポートを２０２１年４月28日に公開しており、DeFiについての評価を行なっている。

「誰でも使える」ことの意味は大きい。DeFiは、始まったばかりの新しいサービスなので、「一部のＩＴマニアにしか使えないもの」と見られることが多い。しかし、実際は全く逆だ。

DeFiの利用にあたって、国籍は関係ない。スマートフォンとインターネットさえあれば、金融機能が十分でない国や地域でも、利用できる。

世界には、銀行口座を持っていないために融資などの金融サービスを受けられない人が多数いる。それに対して、DeFiでは、信用履歴の審査もなく、氏名などの個人情報も求められない。DeFiは「金融包摂」を実現するのだ。

仮想通貨の原点に戻る動きと解釈できる

本章の1で述べたように、ビットコインのもともとの仕組みは、取引所などを介さず、ユーザーとユーザーが直接に送金と受け取りを行なうものだった。そして、秘密鍵の取得に際して、本人確認は行なわれない。しかし、その後、中央集権的組織である取引所が登場して、仕組みが大きく変わった。

DeFiは、仮想通貨のもともとの仕組みへの「先祖帰り」だと考えることができる。ただし、単純な回帰ではない。ビットコインなどの仮想通貨のシステムでは、送金だけが可能であり、融資などのサービスはなかった。

送金以外の金融サービスについても契約の自動化が可能であることは、広く認識されており、これを用いて無人の事業運営ができると考えられていた。DeFiは、それを実現しつつある。

DeFiによって様々なサービスが提供されることになれば、仮想通貨だけによってすべての金融取引を行なう世界を作ることが可能だ。その意味で、大きな可能性を持つものだ。

ただし、現在のところ、利用者が増えたとはいえ270万人では、社会のごく一部といわざるをえない。相手がこのシステムを受け入れないと決済はできないから、利用価値は限定的だ。これが、今後拡大するのか、あるいは一部の人々のものに終わってしまうのか、現在では何とも判断できない。

危険も大きい

DeFiがいくつかの問題を抱えていることも事実である。

前記ＦＳＢの報告書は、DeFiの「法的責任の曖昧《あいまい》さや消費者保護に関する不確実性」に言及した。そして、次の点を指摘している。まず、DeFiでは本人確認が行なわれないため、マネーロンダリング、不正蓄積資金やテロ資金の取引などの問題がついてまわる。また詐欺的なものも出始めているが、利用者保護の仕組みは不十分だ。

日本でも、一部でDeFiが注目されているが、それは高い収益性を狙うことができるからだ。ウエブにあるDeFi関連の記事は、「DeFiでどう稼ぐか」といったものが多い。

すでに述べたように、DeFiが新しい世界を作る可能性はあるものの、現時点でDeFiが提供するサービスは、DeFiの世界にとどまっており、現実の経済活動とリンクしていない。独立した閉鎖空間になってしまっている。

現在、DeFiへの投資で高い収益率を上げられるのは、資金が流入し続けているからだ。その意味ではバブルと言うことができる。そうした条件下でDeFi取引に参加するのは、リスクが非常に大きいことに留意すべきだ。

私が残念に思うのは、日本発のDeFiプロジェクトがほとんどないことだ。すでに述べたように、DeFiは将来の金融として大きな可能性を持っている。それを、投機の対象としてしか見ないのでは、将来の可能性を捨て去ることになる。日本でも、建設的な動きが生じないものだろうか？

セキュリティトークンをDeFiで扱えるか？

ブロックチェーンを用いる新しい金融の仕組みとしては、DeFiとして以上で見たものの他にも、様々なものが登場している。

その一つとして、「セキュリティトークン」がある。これは、有価証券や土地などを裏付けとして発行されるトークンだ。ブロックチェーンで管理される。「トークンという形にデジタル化された証券」と言うこともできる。

日本でも、改正金融商品取引法が２０２０年5月1日に施行され、セキュリティトークンの発行や流通が可能になった。野村総合研究所は、２０２０年3月、「デジタル債」と「デジタルアセット債」というセキュリティトークンを発行している。

債券や不動産など収益を生み出す資産を持っている個人・法人が、セキュリティトークンを発行して資金調達することを、ＳＴＯ（Security Token Offering）という。これと似た資金調達手段として、ＩＣＯ（Initial Coin Offering）がある。２０１８年にブームになったが、詐欺的なものがあって被害が多発したため、規制が強化され、一気に下火になった。ＳＴＯは、ＩＣＯよりは難しいが、ＩＰＯ（株式の新規上場）より容易だ。

セキュリティトークンをDeFiにつなげることが可能だろうか？　純粋に技術的な観点からすれば、可能と思われる。実際に、そのような試みはなされている。

ただし、問題は規制だ。セキュリティトークンは従来の証券と同じように規制されている。購入者の本人確認が求められ、投資家のタイプを見極めるための投資家資格証明も義務付けられている。こうした問題をいかにクリアするかが問題だ。

ＤＡＯの拡張：DeFiは現実通貨を扱えるか？

DeFiは、ＤＡＯの一種である。ただし、現在のDeFiで扱っているのは、仮想通貨だけだ。

現実の通貨は扱っていない（ただし、ステーブルコインは扱っている）。つまり、独立した世界を形成している。

この点をどうするかが、これからの課題だ。現実の通貨との交換を可能とすれば、利用範囲は一挙に拡大する。

後述するように、ＤＡＯによって金融以外の事業を運営することが考えられる。

問題は、セキュリティトークンの場合と同じように、規制当局との関係である。現実通貨を扱う事業者は、銀行あるいは資金移動業者ということになる。それを管理主体なしに運営することを、規制当局はおそらく認めないだろう。

4　DAO（分散自律型組織）が拓く未来

スマートコントラクトとDAO

ビットコインなどの仮想通貨は、「送金」という単純なサービスを提供している。それに対してDeFiは、前節で見たように、もっと複雑なサービスを提供している。

これを可能とするのが、「スマートコントラクト」だ。この仕組みを理解するために、eコマースのサイト運営を考えてみよう。

Aさんがここで書籍を購入したいとする。この希望は、インターネットを通じてサイトに送られる。そして、Aさんの希望は、人間の手作業ではなく、コンピュータのプログラムで自動的に処理される。

この処理が正しく行なわれるかどうかは、サイトが管理している。また、Aさんがサイトにクレジットカード番号を教えるのは、それが悪用されないだろうと信頼しているからだ。

以上は、本章の1で述べた銀行の場合と全く同じだ。

ところで、この取引を、ビットコインの場合と同じような仕組みで自動化することができる。つまり、任意に集まったコンピュータのネットワークが、Aさんの希望を処理する。

ビットコインの場合には、送金があったという記録をブロックチェーンに書き込み、それを公表するだけだった。しかし、いまの場合には、代金をクレジットカードで引き落としたり、書籍をAさんに発送するという作業が必要になる。

これらは、「スマートコントラクト」という仕組みで行なわれる。スマートコントラクトとは、「ある条件で作動するプログラムをブロックチェーンに登録し、条件が満たされた際に自動的に作動させ、その結果をブロックチェーンに自動的に記録する仕組み」だ。スマートコントラクトは、Aさんからの注文によって発動され、実行される。そして、こうした取引を行なったことがブロックチェーンに記録され、公表される。

これによって、中央集権的な管理者なしに、取引を行なうことが可能になる。

このように、スマートコントラクトを実行することで中央集権的な管理主体なしに事業を進めていく組織を、DAO（Decentralized Autonomous Organization：分散自律型組織）という。

ＤＡＯの拡張：金融以外の事業への部分的導入

現在行なわれている様々な事業を、ＤＡＯで運営することが考えられる。いまは人間が行なっている作業をＡＩ（人工知能）を用いて自動化し、事業の運営をスマートコントラクトで行なえば、人間が全く関与しない完全無人企業を実現することができる。

事業を全体としてＤＡＯ化できるものは、金融以外にもある。例えば、オンラインショップは、かなりの程度までＤＡＯ化できるだろう。

業務のすべてをＤＡＯで置き換えるのは難しい場合には、事業全体をＤＡＯ化するのではなく、その一部分をＤＡＯ化することが考えられる。そして、人間の管理との共同で運営するのだ。

現在すでに、銀行ＡＰＩに接続することによって、経理や給与支払いの事務が自動化されつつある（第5章の4参照）。これをＤＡＯ化することが可能だろう。ただし、資金計画、人事評価など、判断が必要なものは人間が行なうこととする。

仮にDeFiが現実通貨を扱うなら、現実の決済業務を任せることができるだろう。純粋に技術的な観点だけからいえば、これは現在でも、さしたる困難なしに実現可能と思われる。

スマートコントラクトの中のパラメータを、データによって補正していけば、硬直的な行動ではなく、状況に対応して行動を変えていくことが可能になる。

そのためには、DAOが置かれた状況を、正確に知ることが必要だ。第1章の4で述べたように、すでに、コンビニエンスストアでは、ポイントを貯めるためのカードを用いて正確な購買記録を得、これをマーケティングや仕入れに使っている。これと同様の仕組みを導入することが考えられる。こうしたことによって、リアルタイムのデータドリブン経営が可能になるだろう。

第7章

マネーのデータ活用で日本再生を図れ

1　銀行をとりまく経済環境の変化

預貸金利鞘という銀行のビジネスモデル

戦前の日本では、直接金融の比重が高かった。これは、株式や社債などによって金融市場から資金を調達する方式だ。

第二次世界大戦中に、軍需産業に資金を集中させるため、銀行を中心とする間接金融への転換が図られた。銀行が預金を集め、それを企業に貸し出す方式だ。

戦時中にできあがったこの間接金融システムが、戦後の経済成長の中で発展した。これは、長期信用銀行と都市銀行を中心とする金融システムで、産業資金の供給に重要な役割を果たした。銀行業は、戦後の日本の経済成長を支える重要な産業であったのだ。

高度成長期には、企業の旺盛な資金需要があった。これに対して貸出を行なうのが、銀行の役割だった。その原資は、預金だった。銀行のビジネスモデルは、低コストで預金を集め、それを企業に貸し出し、預金と貸出の利鞘を稼ぐという構造だった。

銀行は、支店網を基礎として運営されてきた。全国津々浦々まで銀行の支店網が設置され、国民から「預金」という形で資金を調達した。これは、「ブランチバンキング」と呼ばれるビジネスモデルだ。

全国銀行の預貸金利鞘は、１９７０年代には３％程度であった（「わが国金融機関の低スプレッド」みずほリポート、２００３年）。

世界最先端の銀行オンラインシステム

１９７０年代から80年代頃のデジタルシステムは、大型コンピュータ（メインフレーム・コンピュータ）を用いるものだった。

１９７０年代の日本で、銀行が大型コンピュータを導入し、預金の口座振込によって送金と決済を行なうシステムを構築した。これが「銀行オンラインシステム」と呼ばれるものだ。

それまで、預金や送金をするには、銀行支店の窓口で預金通帳に手作業で記帳する必要があった。こうした事務作業を、コンピュータシステムによって自動化したのだ。ＡＴＭによって、預金も送金も簡単にできるようになった。これは、文字どおり、「世界最先端」の金融システムだった。

マクロ経済環境の変化による利鞘の縮小

ところが、預貸金利鞘に依存するビジネスモデルは、1970年代の後半頃から変化し始めた。日本経済の高度成長が終わり、企業の資金需要が減退してきたからである。

前記みずほリポートによると、全国銀行の預貸金利鞘は、70年代後半から80年代にかけて低下し、90年代の初めには1・5％程度となった。

利鞘縮小による銀行収益の悪化に対応して、本来は、銀行のビジネスモデルを大転換させる必要があった。ところが、日本の銀行はそれを怠り、手軽に収益が上げられる不動産投機に走った。

このため、1980年代後半に不動産価格のバブルが起こり、銀行の状況が見かけ上は大きく改善した。しかし、それはバブルに過ぎなかったのだ。

銀行時価総額の激減

銀行の時価総額も大きく変化した。

日経平均株価が最高値をつけた１９８９年の世界企業の時価総額ランキングトップ20を見ると、上位5社は、ＮＴＴ、日本興業銀行、住友銀行、富士銀行、第一勧業銀行と、日本企業が独占した。また、上位20社の中に日本企業が14社もランクインしていた。そして、この14社のうちの６社が銀行だった。

ただし、すでに述べたように、銀行の預貸金利鞘ビジネスモデルは、すでに崩壊しつつあった。それにもかかわらず銀行の時価総額がこのように膨張したのは、バブル経済のためだ。銀行が不動産を担保に融資を増やす。そして、事業会社との間で株式の持ち合いを進める。株価が高騰したので、銀行は多大な株式含み益を得ることができた。

しかし、不動産バブルの崩壊によって、銀行の時価総額は一挙に減少した。

それでも、みずほフィナンシャルグループの母体となった日本興業銀行、富士銀行、第一勧業銀行の3行合計の時価総額は、１９８９年末で24・7兆円もあった。１９９３年7月末時点でも、時価総額に占める銀行の構成割合は26・0％もあった。

それが、２０１８年12月末時点では6・5％と大きく減少している。みずほフィナンシャルグループの時価総額は、２０２１年8月時点で約4兆円だ。

2　預貸金利鞘から手数料への転換は可能か？

銀行の利益が減少

銀行の純利益は、大手行、地域銀行とも、時系列でみて減少傾向にある（地域銀行とは、地方銀行、第二地方銀行、信用金庫、信用組合、農業協同組合、漁業協同組合、労働金庫など）。

２００１年以降の状況を、日本銀行『２０１９年度の銀行・信用金庫決算』によって見よう。

以下の説明において、「資金利益」とは、資金運用収益から資金調達費用を差し引いたものだ。「非資金利益」とは、役務取引等利益、特定取引利益、その他業務利益の合計から債券関係損益を差し引いたものだ。そして、「コア業務純益」とは、資金利益と非資金利益の合計から経費を差し引いたものだ。

預貸金利鞘の縮小によって、貸出関連の利益が減少

資金利益は、貸出関連（貸出平残×貸出利鞘）と有価証券関連（有価証券平残×有価証券利鞘）の合計である。これは、現在でも、銀行の最大の収益源だ。

しかし、時系列的に見ると減少している。大手行では、2001年に5・5兆円程度であったものが、2019年には3兆円弱にまで縮小した。地域銀行では、2001年に4・5兆円程度であったものが、2019年には3・5兆円程度にまで縮小した。

貸出関連の利益が減少しているのは、低金利が長期化し、貸出利回りの低下幅が調達利回りの低下幅を上回り、利鞘の縮小が続いているからだ。

2001年から2019年の間に、預貸金利鞘は、大手行では1・5%から0・7%未満に、地域銀行では2・2%程度から1%程度になっている。いずれも、この期間に半分程度に縮小している（図表7-1参照）。また、高利回りの国債等の償還のために、有価証券関連の利益も減少が続いた。

2013年4月以降、日銀の量的・質的金融緩和政策の下で、預貸金利鞘は縮小を続けてきた。2016年1月のマイナス金利の導入で、金融機関の収益力がさらに低下した。

図表7−1　貸出利鞘

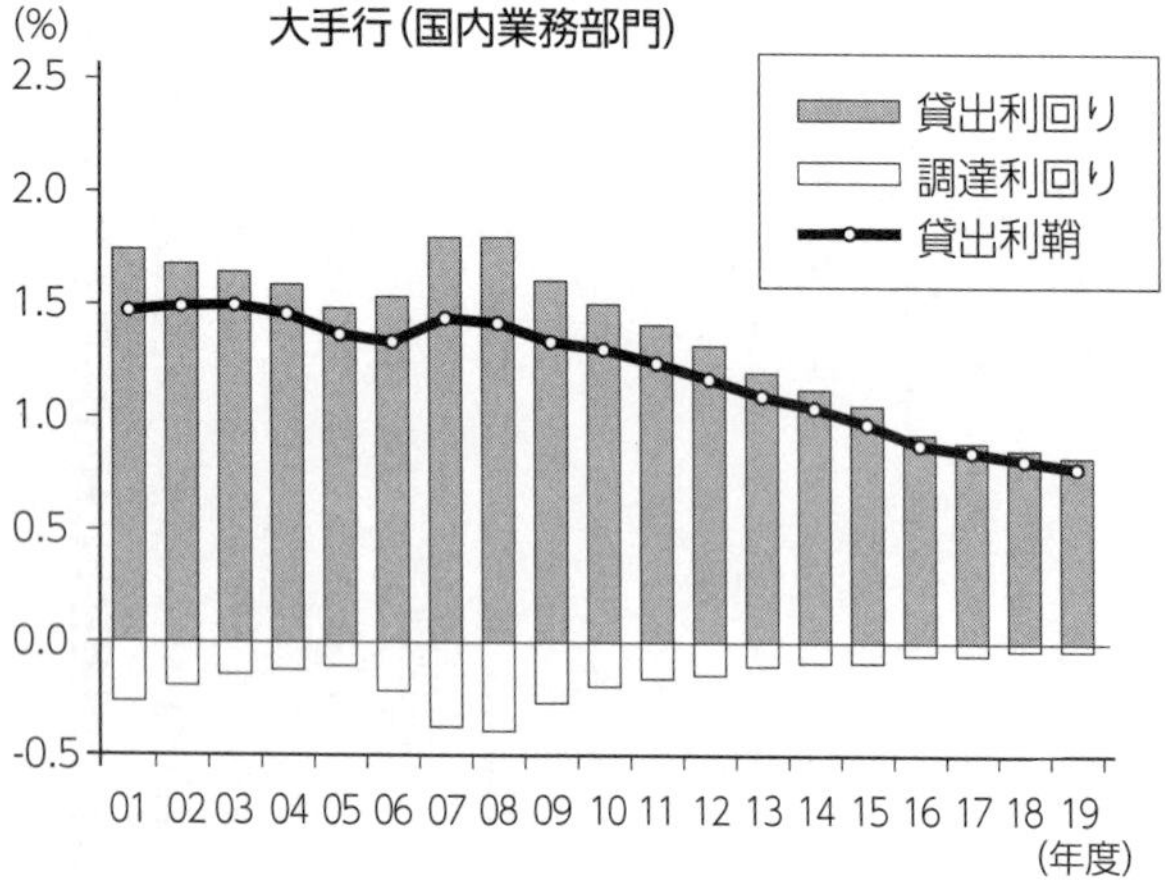

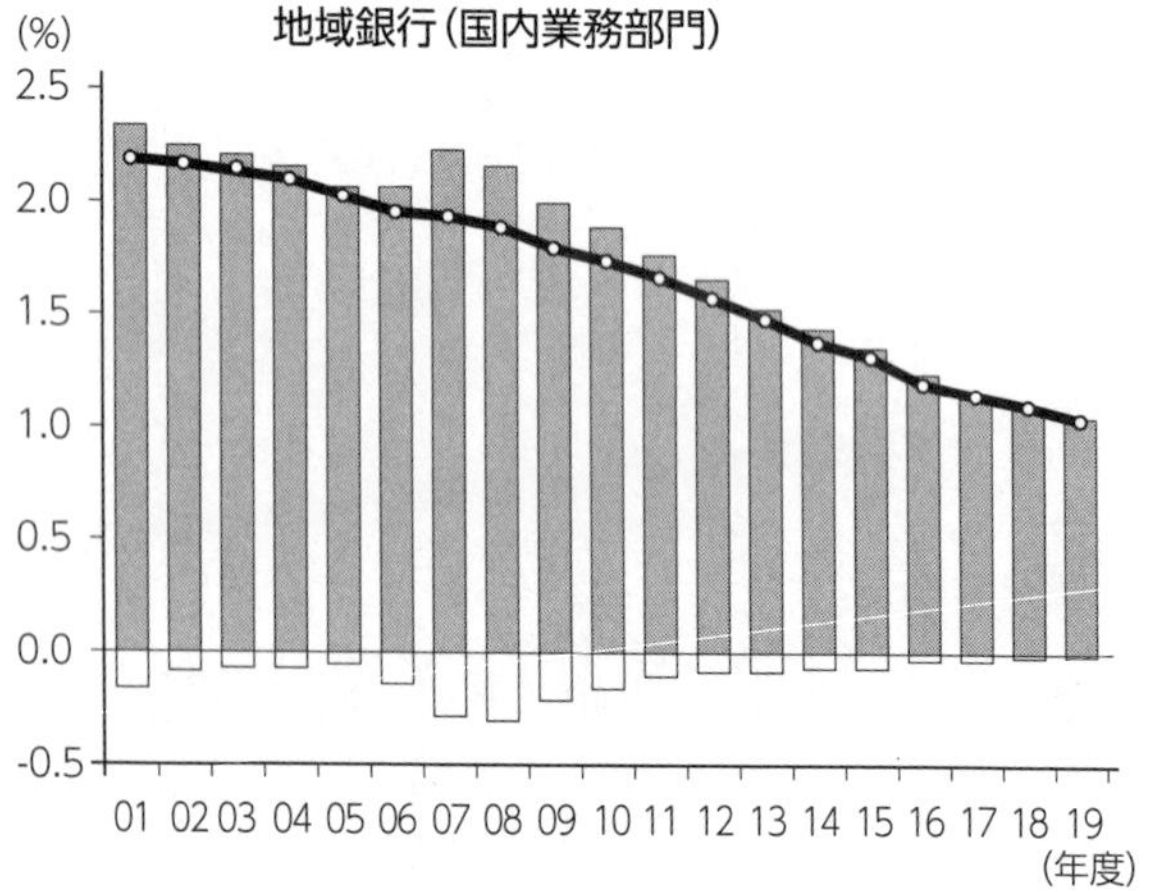

（出所）日本銀行『2019年度の銀行・信用金庫決算』

今後の人口動態などを考えると、資金需要が今後拡大していくとは思えない。貸出残高を増やすことが難しく、さらに利鞘も縮小するので、このままでは、銀行業は構造不況業種になってしまう。

非資金利益への転換が必要と言われた

預貸金利鞘モデルが崩壊したため、銀行のビジネスモデルを非資金利益モデルへと転換することが必要といわれた。欧米の有力銀行などは、こうした収益のウエイトが高いので、日本の銀行の収益構造もそうなるべきだとの議論だ。

非資金利益のなかでも、「役務取引等利益」の増大が期待された。ここでいう「役務」とは、投資信託販売、保険窓口販売、コンサルティングなどだ。この他に、シンジケート・ローン、債権流動化、M&A等、債券引受等、為替業務などがある。

銀行による投資信託販売業務は、１９９８年12月に解禁された。現在では投資信託販売総額の４分の１強のシェアを占めるに至っている（証券会社のシェアが４分の３弱）。保険窓口販売業務は、２００７年12月から全面解禁された。

大手行では、役務取引等利益は２兆円弱だ（国内業務、国際業務の合計）。18年３月期では、資金利益が全体の62％であるのに対して、役務取引等利益が27％と、資金利益の半分近くになっている。欧米では役務取引等利益の比率が高いので、大手銀行は、そうした姿に近づいているとも言える。

ところが、地域銀行では、資金利益が87％、役務取引等利益が13％と、役務の比率が低いことが問題だ。

手数料モデルとその問題点

手数料収入には、大きく分けて二つの種類のものがある。

第一は、デリバティブ商品の販売、私募債などのアレンジ、M&A仲介手数料、投信販売手数料・保険販売手数料、証券仲介業などだ。第二は、ATM手数料・クレジットカード手数料・口座管理料などだ。

第一のグループのうち、最初の三つは高度な金融技術を駆使するものであり、今後も成長が期待される。しかし、投資信託や保険販売から手数料を得るというフィービジネスには、問題がないわけではない。回転売買をさせて販売手数料を稼ぐような場合もあると言われる。

第二のグループ（送金手数料など）には、いくつかの問題がある。大手行は現在、年間1000億円を超える収益を内国為替業務から得ている。これは、国内送金や現金自動預払機（ATM）の手数料だ。この分野は、銀行の独占だったので、いまだに高い手数料を設定している。しかし、こうした高い手数料だと、取引そのものが減るという悪循環に陥るおそれがある。

さらに、フィンテック企業が登場し、電子マネーやモバイル決済などのより高度なサービスをより安い手数料（あるいは、手数料なし）で提供するという問題もある。この問題については、本章の3で再述することとする。

地銀の6割が赤字になる？

銀行のビジネスモデルが破綻しつつあることを最も明確な形で示しているのが、地方銀行だ。

東京証券取引所などに上場する地方銀行77社の2021年3月期決算では、半数弱の36社が前期比で最終利益が減ったか、最終損益が赤字となった。最終損益の合計は6772億円となり、5年連続で減少した。22年3月期の最終損益予想も30社超が減益・赤字を予想している。

人口減少が続く地域では金融機関の提供するサービスの量が需要を上回っており、オーバーバンキングの状態にある。

また、ビジネスモデルの問題もある。すでに述べたように、地方銀行は、都市銀行と比較して、貸出金利息などへの依存度が高いのだ。貸出の審査や貸出後のモニタリングに多大なコストを要し、利潤を捻出できない非効率な銀行が多い。

日銀が2019年4月に発表した『金融システムレポート』では、約6割の地方銀行が2028年度には純利益が赤字になるとの試算を発表している。

さらに、顧客が情報技術の進歩に追いつけないという問題もある。地銀では、いまだにフロッピーディスクを扱っているケースがあるのだそうだ（『日本経済新聞』2021年2月5日）。自治体や中小事業者など「現状維持」を望む取引先がいるからだ。フロッピーディスクの容量は、1・44MB（メガバイト）だ。第1章の6で述べた世界最先端の状況との差は、絶望的である。

金融庁が2020年12月に実施したアンケートでは、営業担当者が個別メールアドレスを持たない地域金融機関が、全体の9割もあった。

3　ATM送金手数料は新しいビジネスモデルか？

世界最先端の金融システムがあったから、キャッシュレスに遅れた

本節では、銀行の新しい収益源として期待されていたATM送金手数料が、銀行の将来を支える収益源となりうるかどうかを検討しよう。

なお、本節と次節に登場する様々な送金手段を、図表7-2に示す。

本章の1で述べたように、1970年代の銀行オンライン化によって、ATMやキャッシュディスペンサーから現金を引き出すことができるようになった。したがって、日本では、現金を使うことに大きな支障がなかった。

しかし、ATMの機能は、もともと限定的なものだった。商店やネットでの支払いには使えない。2000年代になってから電子マネーが利用できるようになって、技術的にはこの問題が解決できるようになった。しかし、電子マネーが必要という声は、日本では起きなか

図表7−2　様々な送金・決済手段

手段	用途	利点	欠点
銀行ATM	現金引き出し、送金	手軽に使える	他行振込の手数料が高い。維持費が高い。機器のある場所まで出かける必要がある。商店やネットでの支払いに使えない
クレジットカード	店舗やネットでの支払い	手軽に使える	店舗の利用料が高い。個人間の支払いに使えない
Suicaなどの交通系カード	乗車料金支払い。店舗やタクシーでの支払い	手軽に使える	店舗の利用料が高い。個人間の支払いに使えない
インターネットバンキング	送金	場所に制約されず使える	
PayPayなどの電子マネー	店舗やネットでの支払い、送金	場所に制約されず使える	店舗の利用料が高い
Google Plexなどの組み込み型金融	店舗やネットでの支払い、送金	場所に制約されず使える、手数料が安い	

った。

なぜなら、都市部であれば、どこに行ってもATMが利用できるからだ。そして、店舗での支払いなら、現金で済むからだ。「格別の不便はないのだから、新しいものを導入する必要はない」というのは、当然のことだ。

日本がいま主要国の中で最もキャッシュレス化が遅れている理由は、このことにある。「世界最先端の仕組みを持っていたから、キャッシュレスへの転換ができなかった」ということだ。「進んでいたから、遅れた」と言える。これが「レガシー問題」と呼ばれるものだ。

クレジットカードやSuicaは、店舗手数料が高い

もっとも、日本でもキャッシュレス支払い手段が使われていないわけではない。最も古くから使われているキャッシュレスの手段は、クレジットカードだ。店舗でも使えるし、ネットで商品を購入する場合も使われる。

利用者（支払者）は、送金手数料を支払う必要がないので、気軽に使う。しかし、店舗（受け取り者）の立場から見ると、これはかなり費用がかかる手段なのだ。

審査があり、端末を店舗に備える必要がある。最も大きな負担は利用料だ。カード会社によっても違うし、公表されていないのではっきりしたことが分からないのだが、売上高（店舗の受取額）の3％以上（場合によっては5％程度）と思われる。日本の小売業の売上高営業利益率は2・6％（2019年）なので、3％の手数料を取られれば、利益は吹き飛んでしまう。

もう一つのキャッシュレス手段は、Suicaなどの交通系カードだ。2001年にJR東日本によって導入され、その後、乗車料金の支払いだけでなく、駅舎内の店舗やタクシーなど

の支払いでも使えるようになった。

ただし、これについても、クレジットカードと同じ問題がある。つまり、利用者はコストを意識しないが、店舗はかなり高率の手数料を負担している。公表されていないのだが、クレジットカードとほぼ同率ではないかと思われる。クレジットカードは後払い、Suicaは先払いという差はあるが、コストの面では大きな差はないといってよい。

コンビニ銀行が成長した

以上のような日本的状況の中で、ＡＴＭの送金手数料を主要な収入源とする銀行が誕生した。セブン銀行やローソン銀行、イオン銀行などがそれだ。

セブン銀行は、２００１年に設立された（当時はアイワイバンク銀行）。そして、従来の日本の銀行の基本的なビジネスモデルである「預貸金利鞘モデル」とは異なるビジネスモデルを確立した。店舗にあるＡＴＭの手数料を基本的な収入源としたのである。

このビジネスモデルは成功し、高い収益率を上げた。そして、伝統的な銀行のビジネスモデルであった「預貸金利鞘モデル」が金利低下で破綻しつつある中で、銀行の新しいビジネスモデルとして成長が期待されるようになった。

実際に、これらの銀行は成長した。経常利益を見ると、これらの銀行はすべて黒字である。セブン銀行は地銀トップ5に入る水準であり、他も地銀中位行に匹敵するレベルの利益水準を確保している。

ところが、最近になってこのビジネスモデルの環境が大きく変化している。数年前から、手数料収入の伸びが鈍化しているのだ。これは、インターネットバンキングやキャッシュレスアプリの登場によって、ATMがレガシーになりつつあることの結果であると考えられる。

振込手数料を10月から引き下げ

ATMがレガシーになっていることを如実に表しているのが、2021年10月以降のインターネットバンキングを含む振込手数料の改定だ。3メガバンクなど大手銀行は、10月以降、3万円以上の振込手数料を110円引き下げた（みずほ銀行は120円）。

なぜこれが必要とされたかを説明しよう。現在、銀行システムを通じて送金・決済をするには、いくつかの方法がある。

第一は、窓口やATMから振込をすることだ。これにより、企業が取引相手の口座に決済

図表7−3　銀行の振込手数料

方式	手数料
銀行窓口	770円
ATM（現金）	550円
インターネットバンキング	220円

注）三菱UFJ銀行、他行宛て、3万円以上の場合

代金を送金したり、個人が電気料金や家賃などを支払う。ATMの場合、他行宛ての現金送金で3万円以上の場合は550円だ（三菱UFJ銀行の場合：図表7−3参照）。銀行振込は2020年に約15億6000万件利用され、2700兆円強が送られた。

第二は、インターネットバンキングを利用することだ。これは、PCやスマートフォンなどを使って、インターネットを通じて銀行のサービスを利用するものだ。預金残高の照会から振込、定期預金の預け入れなど様々な取引ができる。窓口やATMに比べて手数料が安くなるケースが多い。他行宛ての現金送金で3万円以上の場合は220円だ（三菱UFJ銀行の場合：図表7−3参照）。

前記の引き下げは、全国銀行資金決済ネットワーク（全銀ネット）が2021年10月に、銀行間で送金しあう際の手数料を引き下げたことに対応している。日本の金融機関は、全

銀ネットが運営する「全国銀行データ通信システム」（全銀システム）を通じて送金している。銀行が同システムで送金する際にかかる手数料は、40年以上にわたって3万円未満で117円、３万円以上で１６２円に固定されてきた。銀行はこの原価に経費や利益を上乗せして振込手数料を決めてきた。この手数料が、２０２１年10月から一律62円に引き下げられたのだ。

全銀ネットが手数料を引き下げた目的は、銀行外で広がっているキャッシュレス取引アプリに対応することだ。この必要性は、以前から認識されていた。それを手数料に反映させたのが、今回の措置だ。しかし、これによってＡＴＭ送金が抱える基本問題を解決できるとは、とても思えない。

キャッシュレスアプリで送金料は無料化に進む

前記の決定は、振込手数料を「引き下げる」ということであって、「ゼロにする」ということではない。

ところが、送金手数料無料化は、世界の潮流だ。AlipayやWeChat Payなどの中国の電子マネーは、それをほぼ実現している。

アメリカでは、個人間のピアツーピア決済（P2Pペイメント）の新しいサービスが急拡大している。ベンモ（Venmo）は、PayPal傘下のP2Pペイメントアプリ。リンクされた銀行口座やデビットカード、またはVenmoアプリ内の残高から送金する場合には、手数料はかからない。ゼル（Zelle）は、2017年6月にスタートしたP2P口座間直接送金サービス。バンク・オブ・アメリカやJPモルガン・チェース、シティバンクなど、アメリカの主要銀行30行以上が立ち上げた。異なる銀行の口座間でも、無料で送金できる。

銀行の「土管化」現象が生じる

手数料引き下げで、ATMからインターネットバンキングへの移行が進むかもしれない。しかし、ATMのサービスを縮小できるかどうかは分からない。維持し続けなければならないかもしれない。そうであれば、コスト削減はできない。つまり、銀行が抱える問題への基本的な解決策にはならないのだ。それだけではない。インターネットバンキングのコストを下げても、外部の送金サービスは成長し続けるだろう。

そうなれば、銀行の「土管化」という現象が生じる。この言葉は、かつて通信事業者について言われたものだ。「通信事業者が新しいサービスやコンテンツの提供をせず、コンテンツ提供者に通信インフラを提供するだけになる」ということだ。金融の場合にも、同様のことが生じる可能性がある。

なお、銀行間手数料は、資金を振り込む（仕向け）銀行が、振り込まれる（被仕向け）銀行に支払う。メガバンクなど大手行が仕向け側となり、地方銀行が被仕向け側となることが多い。したがって、銀行間手数料引き下げによって、大手銀行の収益は増加するが、地方銀行は減益になる可能性が高い。

さらに問題がある。第５章の６で見たように、Google Plexのようなサービスが登場して、振込手数料をゼロ（あるいは非常に低い水準）にする可能性がある。そうなれば、インターネットバンキングも含めて、これまでの銀行振込業務は、甚大な影響を受けることになるだろう。

4　手数料に依存して悪循環に陥る日本の電子マネー

日本でもＱＲコード決済の電子マネーが広がる

ＱＲコード決済の電子マネーが日本でも普及してきた。２０１８年秋には、PayPay（ペイペイ）がサービスを開始した。PayPayの利用者は４０００万人超で、三菱ＵＦＪ銀行の個人口座数約４０００万口座に匹敵する。加盟店は約３４０万カ所、年間累計決済回数は約20億回だ。

２０２０年における銀行振込利用件数は約15億６０００万件（約２７００兆円）だから、PayPayの決済回数は銀行全体より多い。少額の送金が多いからだろうが、それにしても、驚くべき数字だ。

ＱＲコード決済では、クレジットカードや交通系カードと違って、店舗側で特別の機器は必要ない（ＱＲコードを掲示するだけで済む）。そして、利用者は、カードを持ち歩く必要はなく、スマートフォンがあればよい。このように、利便性は向上した。

コストはどうか？　利用者は、利用に先立って電子マネーのウオレット（電子財布）に銀行口座から入金する必要があるが、特定の銀行（PayPayの場合はPayPay銀行）からはコストゼロだ。ただし、その他の場合は手数料がかかる場合がある。

店舗での支払いの場合、利用者（消費者）の手数料はゼロだが、店舗が支払う利用料はかなり高い。これも公表されていないのだが、決済額の3％程度のものが多いと思われる。少なくとも、クレジットカードや交通系カードから大きく低下したわけではない。

日本で最も利用者が多いPayPayは、これまでは店舗の利用料を無料にしてきた。しかし、2021年10月からは有料化する。しかも、赤字が続いているので、安定的なビジネスモデルを確立したとは言えない。

電子マネーは、店舗での支払いだけでなく、個人間の支払いにも使える。この点では、クレジットカードや交通系カードより便利だ。そして、同じ電子マネーの加入者へなら、無料で送金できる。しかし、受け取り者が受け取った額を銀行口座に出金する場合には、特定の銀行（PayPayの場合はPayPay銀行）以外の場合には、手数料がかかる。

Appleは、2014年からApple Payというサービスを提供している（第5章の5参照）。

これは、簡単に言えば、iPhoneのアプリでいくつかのクレジットカードを使える仕組みだ。日本ではSuicaも使える。利用者としては、クレジットカードやSuicaを持ち歩く必要がないので、便利だ。

しかし、店舗側では、Apple Payに対応した非接触型決済のPOS端末を用意する必要がある。そして、売上金額に応じた決済手数料をクレジットカード運営者に支払う必要がある。このため、店舗の負担が減るわけではない。

手数料を追求する日本の電子マネーは悪循環に陥っている

「銀行Pay」が2016年に開発され、銀行系のQRコード決済サービスが多数作られた。横浜銀行の「はまPay」、福岡銀行、親和銀行、熊本銀行の「YOKA!Pay」、沖縄銀行の「OKI Pay」などだ。

そして、2019年5月からは、ゆうちょ銀行の「ゆうちょPay」が始まった。みずほ銀行は、地方銀行などと組み、送金やQRコード決済に使える「J-Coin Pay」を2019年に開始した。

個々のシステムが独立していて互換性がなく、相互に接続ができない。利用者の立場からすると、どれを使えばよいのか、分からない。

しかも、店舗の手数料はかなり高い。これも公表されていないので分からないのだが、3%程度ではないかと思われる。これでは、店舗は利益の大部分を吸い取られることになる。このため、参加店舗が広がらない。

マネーのデータをビッグデータとして用いるには、十分な取引データを得る必要があるが、それができないのだ。つまり手数料で稼ごうとするために利用者が増えず、そのため新しいビジネスモデルを確立できないという状況に陥ってしまっている。

このように、キャッシュレスの利用料は高いのが現状だ。しかし、第5章の5で見たように、BaaSの利用によって大きな変化が生じる可能性がある。

CBDCの時代には、送金手数料は完全にゼロになる

本格的な変化はＣＢＤＣ（中央銀行デジタル通貨）の導入でもたらされる。あるいは、Diemのような大規模デジタル通貨が一般に使えるようになれば生じる。

これらの送金料は、事実上ゼロになると考えられる。そして、現在ある様々な送金サービスよりも、はるかに便利に使えるだろう。

送金決済はいかなる経済活動でも必要なことであるから、そのコストがゼロになることは、生産性の向上に重要な役割を果たす。世界の趨勢《すうせい》がそのようなものであるなかで、日本だけが高い送金料の送金手段を使い続ければ、生産性はさらに落ち込んでいく。

したがって、いずれ日本でもＣＢＤＣが発行されるだろう。ＣＢＤＣでは、利用者にとっても、店舗にとっても、コストはゼロになるだろう。したがって、これが導入されれば、現在あるキャッシュレスの手段は、ことごとく淘汰されてしまうだろう。

5　マネーのデータで日本再生を図れ

日本はビッグデータをどう活用すべきか？

これまでビッグデータは、検索サービスやメールのサービス、あるいはＳＮＳを通じて無料で集められてきた。Googleにしても Facebookにしても、全世界で数十億人というオーダーの利用者を相手に、サービスを提供している。現在のビッグデータの世界は、これら「プラットフォーム企業」と呼ばれる少数の企業によって支配されている。

「データの時代」と言われるが、日本には、アメリカや中国のプラットフォーム企業のようにビッグデータを集められる企業が存在しない。今後も、そういうサービスが登場するかどうかは分からない。多分、登場しないだろう。

では、日本ではビッグデータの活用はできないのだろうか？　「データの世紀」と言われる時代において、日本は指をくわえて巨人たちの戦いを見ているしかないのか？

そんなことはない。現在の日本が、ビッグデータの活用において世界の潮流からはるかに取り残されているのは事実だ。しかし、だからといって、現在のような状況がいつまでも続くとは限らない。遅れを挽回する可能性は、決してないわけではない。

ビッグデータに関する状況は、いまも日々変わっている。ビッグデータの将来を予測することは、非常に難しい。これまでの勝者が没落するかもしれないし、新しい可能性が突然開けるかもしれない。現在では想像もつかないような変化がこれから起こる可能性は、十分ある。

新しいビジネスモデルへの模索：情報銀行

日本でビッグデータを活用する形態の一つとして、「情報銀行」というものが考えられている。これは、利用者の同意を得て個人データを預かり、企業に提供するサービスだ。2017年に個人情報保護法が改正されたことによって、可能になった。

すでにいくつかの試みが始まっている。例えば三菱UFJ信託銀行は、2021年7月、情報銀行のサービス「Dprime」を始めた。個人が提供するのは位置情報や資産情報など。名前や住所など個人を特定できる情報は、隠したままにする。対価として、企業の新サービスや割引券などを受け取れる。２年後に１００万人の利用を目指す。

しかし、これが将来、どれだけ収益性のある事業になるかは、必ずしも明らかではない。まず、どれだけの人や企業がデータを提供してくれるかが分からない。これまでのビッグデータは、自動的に、かつ無料で集められてきた。このようなものでないと、大量のデータを集めるのは難しいと思われる。情報銀行の方式だと、データが十分集まらない可能性がある。第二に、情報銀行が提供する情報に対して、どれだけの需要があるのか、見通しがつかない。

マネーのデータに注目する必要がある

第3章で述べたように、これからのビッグデータとして注目すべきは、マネーのデータだ。マネーのデータは、扱いやすいし正確なので、ビッグデータとして、最も大きなポテンシャルを持つと考えられる。これをビッグデータとして用いることは、日本にとって大きな可能性を開くだろう。第5章で述べたように、オープンバンキング、あるいはBaaSと呼ばれる仕組みによって、預金の出し入れなど、銀行が持っている顧客データを外部の企業が利用して、新しいサービスを提供することができるだろう。

マネーデータの利用方法としては、まず信用スコアリングが考えられる。第3章で述べたように、中国の電子マネーAlipayは、新しい時代の金融ビジネスのモデルを開発した。これによって、Alipayを運用するAntグループは、驚異的な成長を遂げた。

今後、信用スコアリング以外に、様々なサービスの登場が期待される。とくに企業に対して経営コンサルティング的なサービスを行なうことが期待される。銀行ＡＰＩの活用により、企業の現状がどうなっているかを、リアルタイムに、正確に把握することができる。どこでどの程度の需要があるか、将来はどうなるか、などの予測ができる。

これまでのビッグデータ利用は、対個人が中心だった。マネーのデータは、事業活動について多くの情報をもたらすだろう。それだけでなく、金融機関がこれまでに蓄積した知見と合わせて、経営コンサルティングを行なうことが、十分可能だろう。

こうしたサービスに対しては、需要も高い。２０１８年度に金融庁が地域銀行をメインバンクとする企業を対象に実施したアンケート調査によると、22％の企業が過去1年間に取引金融機関からの融資を必要としなかったと答える一方で、そうした企業のうち72％が取引金融機関から提案を受けたいサービスがあると回答した。提案を受けたいサービスのトップは取引先・販売先の紹介だ。銀行の顧客間ネットワークを利用すれば、容易に対応できると考えられる。

このようなマネーのデータ活用は、単に銀行に新しい収益源を与えるだけではない。それによって企業の生産性を引き上げることができるだろう。とりわけ、中小企業の経営効率化に与える影響は大きいだろう。これを適切に活用できるか否かが、日本の将来を決めるだろう。

なお、分散型ＩＤ（第４章の４参照）が導入されたとしても、マネーのデータをビッグデータとして利用することは可能だ。また、ＣＢＤＣが導入されても、データをビッグデータとして利用できる。ＣＢＤＣが発行されれば、国民のほぼすべてが利用することとなるので、非常に強力なビッグデータとなる。日本ではAlipayに匹敵するような電子マネーは存在しないが、ＣＢＤＣの導入は十分に考えられる。それらによって得られるデータを活用した様々な新しいサービスが登場することが期待される。

未来のある店舗でのデータ活用

将来の夢としては、データによって自動的に運営される企業を考えることができる。これは、ＤＡＯ（分散自律型組織）と言われるものだ（ＤＡＯについては、第６章の４を参照）。

日本の労働力不足問題は、今後さらに深刻化する。それに対処するには、省力化を通じた生産性向上が不可欠だ。拡張されたＤＡＯは、そのために重要な役割を果たすだろう。日本は、ＤＡＯの発展を世界で最も必要としている国だと言うことができる。

マネーのデータによって現状をリアルタイムで把握し、スマートコントラクトによって経営を行なう。それは、DeFi（分散型金融）と連携して運営されるだろう。

具体的なイメージで捉えるために、未来世界の一角を描いてみることにしよう。地方都市の小さな店舗を想像しよう。この店舗の仕事の多くは、ＤＡＯとして運営されている。つまり、多くの仕事が自動化されているのだ。

顔認証システムによって支払いがなされるので、レジ係はいない。そして、すべての購入データは、自動的に集計されて分析される。

商品の仕入れは、第１章の４で見たような仕組みで、売上の実績を反映して、毎日決定されている。これによって地域住民の需要に的確に対応した品揃えができるので、人気がある。

これまで経理係がやっていた記帳事務は、すべて自動的に行なわれる。税務処理も自動化されている。

このようにデータ処理に関わる仕事のほとんどが自動化されているので、これまでは必要であった人件費が節約されるだろう。

また、そのデータを分析して、実際の業務に反映させることができる。データの分析はAIによって瞬時に行なわれるため、ほとんどリアルタイムで、経営状況を把握できる。

こうした仕組みが導入される前には、年に一度の決算の後でないと事業の状況を把握できなかった。しかも、そのデータを見ても、一体事業をどのように改善すればよいのかの判断ができなかった。そうした評価ができるようになるのは、大きな変化だ。

DAOにおける人間の役割

ただし、人間の役割がなくなるわけではない。以下で述べるように、データベースと人間の判断の組み合わせによって、問題に対処するようになるだろう。

例えば、商品の配置は、先に述べた購入データシステムからの自動アドバイスがあるが、担当者がそれに修正を加えて、店の特色を出すことができる。

また苦情やトラブル処理にも、人間が関与する必要がある。簡単で定型的なトラブル処理はDAOがあらかじめ決められたルールにしたがって対処するが、それでは扱いきれない問題も発生するからだ。そこで、人間が突発的な事故や予期されていなかった問題などの事態に対して、適切に処理する必要がある。

ただし、こうした問題についても、過去の様々な事例がデータベース化され、ＡＩによって分析されている。そして、ＡＩが適切なアドバイスをしてくれることもある。そのアドバイスと人間の判断による対応が行なわれるわけだ。

経営者である店長の役割はもっと重要だ。予定されていないすべての事態に対して適切に処理する必要がある。また、中長期的な事業計画を考える必要もある。例えば、融資を受けて事業を拡大するほうがよいのかどうかなどの判断だ。

さらに、外部からのコンサルティングサービスもなされるだろう。売上のデータは、銀行の入出金データとともに分析されて、診断がなされる。信用スコアが算出されるので、事業の状況が判断できる。

これらのデータは、地方銀行の経営コンサルティングサービスとも共有されている。この経営コンサルティングサービスは、このデータや地方銀行のベテランのこれまでの経験に基づいて行なわれる。経営方針についてのアドバイスや融資計画についてのアドバイスだ。

こうして、新しい社会を作り上げることが可能になるだろう。このようなデータ利用は、

【索　引】

——あ行——

——か行——

——さ行——

―た行―

——な行——

——は行——

——ま行——

——や行——

——ら行——

まだどこの国も行なっていないことだ。だから、もし日本がそれに成功すれば、未来の世界での日本の地位を挽回するために、大きな意味を持つことになるだろう。

野口悠紀雄［のぐち・ゆきお］

1940年東京生まれ。63年東京大学工学部卒業、64年大蔵省入省、72年エール大学Ph.D.（経済学博士号）を取得。一橋大学教授、東京大学教授、スタンフォード大学客員教授、早稲田大学大学院ファイナンス研究科教授、早稲田大学ビジネス・ファイナンス研究センター顧問を歴任。一橋大学名誉教授。専攻はファイナンス理論、日本経済論。著書に『「超」整理法』『「超」文章法』(ともに中公新書)、『財政危機の構造』(東洋経済新報社、サントリー学芸賞)、『バブルの経済学』(日本経済新聞社、吉野作造賞)ほか多数。

note
https://note.mu/yukionoguchi

ツイッター
https://twitter.com/yukionoguchi10

ホームページ『野口悠紀雄 Online』
https://www.noguchi.co.jp/

図版作成――齋藤稔(株式会社ジーラム)

PHP新書

PHP INTERFACE
https://www.php.co.jp/

データエコノミー入門

PHP新書 1282

激変するマネー、銀行、企業

二〇二一年十月二十八日 第一版第一刷

著者——野口悠紀雄
発行者——永田貴之
発行所——株式会社PHP研究所
東京本部——〒135-8137 江東区豊洲5-6-52
第一制作部 ☎03-3520-9615(編集)
普及部 ☎03-3520-9630(販売)
京都本部——〒601-8411 京都市南区西九条北ノ内町11
組版——有限会社メディアネット
装幀者——芦澤泰偉＋児崎雅淑
印刷所
製本所——図書印刷株式会社

ISBN978-4-569-85052-8

ＰＨＰ新書刊行にあたって

「繁栄を通じて平和と幸福を」(PEACE and HAPPINESS through PROSPERITY)の願いのもと、ＰＨＰ研究所が創設されて今年で五十周年を迎えます。その歩みは、日本人が先の戦争を乗り越え、並々ならぬ努力を続けて、今日の繁栄を築き上げてきた軌跡に重なります。

しかし、平和で豊かな生活を手にした現在、多くの日本人は、自分が何のために生きているのか、どのように生きていきたいのかを、見失いつつあるように思われます。そして、その間にも、日本国内や世界のみならず地球規模での大きな変化が日々生起し、解決すべき問題となって私たちのもとに押し寄せてきます。

このような時代に人生の確かな価値を見出し、生きる喜びに満ちあふれた社会を実現するために、いま何が求められているのでしょうか。それは、先達が培ってきた知恵を紡ぎ直すこと、その上で自分たち一人一人がおかれた現実と進むべき未来について丹念に考えていくこと以外にはありません。

その営みは、単なる知識に終わらない深い思索へ、そしてよく生きるための哲学への旅でもあります。弊所が創設五十周年を迎えましたのを機に、ＰＨＰ新書を創刊し、この新たな旅を読者と共に歩んでいきたいと思っています。多くの読者の共感と支援を心よりお願いいたします。

一九九六年十月

ＰＨＰ研究所

PHP新書

［経済・経営］

1265 決断力 橋下 徹
1273 自由と成長の経済学 柿埜真吾

［政治・外交］

893 語られざる中国の結末 宮家邦彦
898 なぜ中国から離れると日本はうまくいくのか 石 平
920 テレビが伝えない憲法の話 木村草太
931 中国の大問題 丹羽宇一郎
954 哀しき半島国家 韓国の結末 宮家邦彦
967 新・台湾の主張 李 登輝
979 なぜ中国は覇権の妄想をやめられないのか 石 平
988 従属国家論 佐伯啓思
1000 アメリカの戦争責任 竹田恒泰
1024 ヨーロッパから民主主義が消える 川口マーン惠美
1060 イギリス解体、EU崩落、ロシア台頭 岡部 伸
1076 日本人として知っておきたい「世界激変」の行方 中西輝政
1083 なぜローマ法王は世界を動かせるのか 徳安 茂
1122 強硬外交を反省する中国 宮本雄二
1124 チベット 自由への闘い 櫻井よしこ
1135 リベラルの毒に侵された日米の憂鬱 ケント・ギルバート
1137 「官僚とマスコミ」は嘘ばかり 髙橋洋一
1153 日本転覆テロの怖すぎる手口 兵頭二十八
1155 中国人民解放軍 茅原郁生
1157 二〇二五年、日中企業格差 近藤大介
1163 AI監視社会・中国の恐怖 宮崎正弘
1169 韓国壊乱 櫻井よしこ／洪 熒
1180 プーチン幻想 グレンコ・アンドリー
1188 シミュレーション日本降伏 北村 淳
1189 ウイグル人に何が起きているのか 福島香織
1196 イギリスの失敗 岡部 伸
1208 アメリカ 情報・文化支配の終焉 石澤靖治
1212 メディアが絶対に知らない2020年の米国と日本 渡瀬裕哉
1225 ルポ・外国人ぎらい 宮下洋一
1226 「NHKと新聞」は嘘ばかり 髙橋洋一
1231 米中時代の終焉 日高義樹
1236 韓国問題の新常識 Voice編集部［編］
1237 日本の新時代ビジョン 鹿島平和研究所・PHP総研［編］
1241 ウッドロー・ウィルソン 倉山 満
1248 劣化する民主主義 宮家邦彦
1250 賢慮《けんりょ》の世界史 佐藤 優／岡部 伸
1254 メルケル 仮面の裏側 川口マーン惠美
1260 中国vs.世界 安田峰俊
1261 NATOの教訓 グレンコ・アンドリー

1079 超ソロ社会　荒川和久
1087 羽田空港のひみつ　秋本俊二
1093 震災が起きた後で死なないために　野口　健
1106 御社の働き方改革、ここが間違ってます!　白河桃子
1125 『週刊文春』と『週刊新潮』闘うメディアの全内幕　花田紀凱/門田隆将
1128 男性という孤独な存在　橘木俊詔
1140 「情の力」で勝つ日本　日下公人
1144 未来を読む　ジャレド・ダイアモンドほか[著]/大野和基[インタビュー・編]
1146 「都市の正義」が地方を壊す　山下祐介
1149 世界の路地裏を歩いて見つけた「憧れのニッポン」　早坂　隆
1150 いじめを生む教室　荻上チキ
1151 オウム真理教事件とは何だったのか?　一橋文哉
1154 孤独の達人　諸富祥彦
1161 貧困を救えない国 日本　阿部彩/鈴木大介
1164 ユーチューバーが消滅する未来　岡田斗司夫
1183 本当に頭のいい子を育てる 世界標準の勉強法　茂木健一郎
1190 なぜ共働きも専業もしんどいのか　中野円佳
1201 未完の資本主義　ポール・クルーグマンほか[著]/大野和基[インタビュー・編]
1202 トイレは世界を救う　ジャック・シム[著]/近藤奈香[訳]
1219 本屋を守れ　藤原正彦
1223 教師崩壊　妹尾昌俊
1229 大分断　エマニュエル・トッド[著]/大野　舞[訳]
1231 未来を見る力　河合雅司
1233 男性の育休　小室淑恵/天野　妙
1234 AIの壁　養老孟司
1239 社会保障と財政の危機　鈴木　亘
1242 食料危機　井出留美
1247 日本の盲点　開沼　博
1249 働かないおじさんが御社をダメにする　白河桃子
1252 データ立国論　宮田裕章
1262 教師と学校の失敗学　妹尾昌俊
1263 同調圧力の正体　太田　肇
1264 子どもの発達格差　森口佑介
1271 自由の奪還　アンデシュ・ハンセン他[著]/大野和基[インタビュー・編]
1277 転形期の世界　Voice編集部[編]
1280 東アジアが変える未来　Voice編集部[編]
1281 5000日後の世界　ケヴィン・ケリー[著]/大野和基[インタビュー・編]/服部桂[訳]